老いてひとりを生き抜く！

～暮らしに負けず、自分に負けず、世間に負けず～

三浦清一郎著

日本地域社会研究所

まえがき――ひとりに負けず

暮らしに負けず
自分に負けず
世間に負けず
老いにも、日々の寂寥にも負けず
丈夫な身体を鍛え
ものを捨て
意地を捨て
自惚れを捨て
希望は捨てず
好奇心を忘れず
決して社会をはなれず
いつも前向きに暮らし

一日は日輪とともに起き
花鳥風月と語り
体操を欠かさず
音楽に合わせて踊り
粗衣粗食ながら
掃除洗濯に励み
東に好ましき人あれば
乞うてお茶に誘い
西に文明の利器あれば
銭を惜しまず求め
南の友が死んでも
動じず動かず
北に一旦緩急あれば
自爆攻撃に志願する

頑固・偏屈・独善とそしられ
年寄りの冷や水と言われようと
書くことを止めず
批判を止めず
やがて衰え
よろめき
息切れ
満身創痍となるも
傷ついた回遊魚の如く
泳ぎ続けて彼岸に至る
そういう人に私はなりたい

目次

第4章　人生の総括

第１章　老いは戦場

１　「老い」とは何か？

⑴　老いとは、「衰え」と「戦う過程」である

人間が「老いる」とは、「意識するとしないとに関わらず、加齢に伴う心身の衰えと戦い続ける過程」を言う。「戦い方」で晩年の在り方が決まる。戦いが不可避であるとすれば、問われているのは、己が納得できる戦いをできるか、否かであろう。

(2)「生きること」だけが問題ではない

教育の分野で仕事をしてきた筆者の人間の見方と、医学や介護の分野の方々の人間の見方は、一点で根本的に異なる。教育は常に、成長や発達を前提としている。したがって、「あるべき命」を問題にし、生きる「目的」や「目標」から離れることはできない。これに対して、医療や介護の分野の人々は、人命の尊厳に立脚し、「あるがままの命」を受け入れる原理に立つ。故に、原則として、命の軽重は問わない。「悪人また往生」、と説いた宗教も同じであろう。

筆者はそういう立場には立てない。報道で聞く、身勝手で、残忍な殺人者は許せない。死刑制度の存続に賛成であり、重大犯罪者の処罰は、もっと厳しくすべきだと考える。

「命が価値」であるというのならば、医者にとって、他者の命を己の慾のために奪うことも許されないはずであろう。医者に限ったことではないが、「命」の軽重を真剣に論じないことが、人権論の致命的欠陥である。

いじめ問題一つをとっても、加害者の命と被害者の命を同等に扱ってはならない。被害者をきちんと守らないから、いじめは根絶できないのだ。加害者の人権を一段階引き下げないから、世間が紛糾するのである。人権教育とは被害者の人権を優先することでなければならない。「いじめられて自殺にまで追い込まれる子ども」と「いじめた側」を同等に扱うから、教育界は子どもに明快な教育指導ができないのである。他者の人権をないがしろにした時点で、加害者は自分の人権の多くを放棄したと考えるべきである。

(3)「ヒト」は「教育」と「社会化」によって「人間」となる

教育は、「霊長類ヒト科の動物」（以下「ヒト」という）と「人間」を区別して考える。「ヒト」とは、「人間となる潜在的可能性を有していても、未だ十分に人間の機能を保持していない」者を言う。それゆえ、生まれてくる子どもは、

「霊長類ヒト科」の動物から出発する。

人間を対象とした実験は不可能であるから、「人間に成る過程」を証明はできない。しかし、社会から隔離されて育った数少ない子どもの事例は分かっている。社会と切れて育った「ヒト」は「人間」になれていない。換言すれば、人間社会は、しつけ（社会化）と教育によって、「ヒト」を「人間」にするのである。

「ヒト」と「人間」の関係は、子どもに限った問題ではない。高齢者も、時に、「ヒト」に還る。不幸にして、重度の認知症など、極度の老衰の果て、人生の成果と精神を失えば、ふたたび「ヒト」に還る。

高齢者施設での介護関係者による虐待は、人間的反応を得られなくなった「ヒト」への虐待である。訓練を受けた関係者が、「ありがとう」と言える患者を虐待するはずはない。

障がい者を対象とした大量殺人が日本中を震撼させたが、あの犯人は「社会的生産性」だけを重視し、それぞれの生きる姿勢を見ようとしなかった。彼が、発想を変えない限り、場所が変われば、意思表示のできなくなった老衰の高齢者も殺すだろう。

それゆえ、高齢期の教育は、ひとたび「人間」となった「人間」を「ヒト」に戻さない戦いである。「生涯教育論」や「生涯現役論」は、その方法論である。高齢社会では、医療や介護の在り方だけが問われているのではない。人々の「老い方」が問われているのである。「命」には「生き方」も問われているのである。

(4)　高齢期の生き方は、若い世代の人生をも変える

老後の養生、精進、自己教育と自己鍛錬の末に「自分」を失うのであれば、それはそれで仕方がない。生き物の最後には、仕方のないことはいくらでもある。しかし、老い方には、「仕方がない」に至るまでにどれだけの努力をしたのか、が問われる。高齢期の努力の内容と方法について、己の「判断」と「選

択」の意志を持ち続けたか否か、が問われる。

高齢期の生き方を変えることは高齢者の人生を変えるに留まらない。若い世代の人生をも変える。

若い世代は、どんな風に老いていく両親を見たいか？ 両親が自立して、生き生きと生きれば、家族に活気が満ち、社会の活力が向上し、医療費を抑制することが可能となり、介護費は少なくとも先送りすることができる。

人生50年であった時代の「余生」と人生80年時代の「老後」とでは全く状況が違う。第一、「余生」とは〝あまった時間〞を意味している。労働の後の生涯時間が20年に達した時代、もはや老後は、「余生」ではあるまい。余生概念は、老後の生き方を「積極的」に発想する姿勢に欠けている。「隠居」、「遁世」、「閑雅」などの暮らしの「美学」は人生50年時代の産物であり、伝統である。

人生80年時代の定年や子育てのあとは、「二度目の人生」が巡ってきた、と考えるべきだろう。最初の人生と二度目の人生は違っていいし、違った方がいい。人生は「二毛作」（甲斐良治氏）であると言っている人もいる。

(5)　なぜ社会を支え続けようとする人を顕彰しないのか？

社会との関わりを抜きに人間の自立や生き甲斐を保障することは、極めて困難である。そしてもちろん、高齢期の自立や生き甲斐を保障せずに、高齢社会の活力を維持することもできない。それゆえ、「二度目の人生」で一番大事なのは、「生涯現役」として社会貢献を続けようとする「意志」と「努力」である。社会を支える人も社会に支えられる人も、「命」の重さに変わりはない。しかし、前者が存在しなければ、後者は存在し得ない。日本社会は、社会貢献を推奨し、その努力を諦めない人々をもっと積極的に顕彰すべきである。老後の人間が人間であり続けるためには、医療と介護も重要だが、それ以上に教育と労働がカギになる。問われるべきは「生き方」だからである。

民主主義が行き着いた社会は、個人が人生の主役になる。現代は、個人の生き方に誰の干渉も許さない「主体性」の時代となった。人々は、何よりも「自分」を重んじ、「個性」を重んじ、「自分らしさ」を重んじる。自分流には、当然、おのれ自身の「判断」と「選択」が問われる。自分流に決まった答はないが、主体性を主張する以上、結果は「自己責任」とすべきである。

「自分を尊敬できる人間になれ」、その努力が「自分の品格」を創る、と渡部氏の著書にあった（＊）。自分流には、当事者の努力と能力が問われるのである。「自分らしさ」の原則は、「それぞれの思いどおり」であるが、「思いどおり」の結果は、「個人の努力」と背中合わせで発生する。「主体性」の時代は、生涯学習の「格差」の時代になる。

（＊）渡部昇一、自分の品格、三笠書房、２００８年、ｐ．８

2　老いは「戦場」

また一人なくなりわれは生き残る戦場のごとし

老いて生くるは（馬場あき子）

歌人馬場あき子と筆者の間には10年以上の年の差があるが、「戦場のごとし」という感慨は共通している。周りの友人たちが次々に他界し、生き残った高齢者は訃報を手にして取り残された戦場に立ちすくむ。

正月から家に籠って、ひきこもり問題の研究に没頭したせいか、春愁と燃え尽き症候群が重なって何もしたくない日々が続いた。悪いことに季節は年度末から年度始めに移る境目だから、どこからも仕事の依頼はこない。ボランティアの英語授業も学期の区切りで休みである。後輩の現役は忙しく、同輩の仲間は遠く散り散りで、年寄りの独り者は外へ出ても話す相手はいない。ひとり暮らしには、人と話さない日が何日も続く。隠居文化と戦うとは、「ひとり」の境遇と戦うことであり、孤独や無力感と戦うことである。

高齢者の多くは老いの戦場にいる。まして、ひとり暮らしの高齢者は、最前線の「激戦区」にいる。後期高齢期は、これまで当然としてきた心身の機能が、突然、崩れ始める。世間も隠居した老いぼれと見なすので、だんだん仕事も途絶えてくる。

「老いて生きる」とは「ひとりに負けず」と言うことであり、「ひとりに負けず」とは、崩れ行く日常との戦いである。健康を損ねず、生きられるか？　乏しい年金でやりくりし、自分のことは自分でできるか？　意欲を失っていないか？　社会と繋がって、やることはあるか、行くところはあるか、語るべき友はいるか？

二度目の人生の理念はすでに存在している。50年以上も前の老人福祉法（1963）の第3条である。しかし、その趣旨を実現しようという政治・行政の動きはないに等しい。

①「老人は老齢に伴って生じる心身の変化を自覚して、常に心身の健康を保持し、または、その知識と経験を活用して、社会的活動に参加するように努めるものとする。（第3条の1）」

②「また、老人は、その希望と能力とに応じ、適切な仕事に従事する機会そ

の他、社会的活動に参加する機会を与えられるものとする。（第3条の2）」最大の問題は、中央も、地方も「生涯教育」を放棄し、「生涯活動」の舞台は創っていない。政治と行政の実践が貧しく、老人福祉法の理念を具体化できていない。政治に必要なのは、「ボランティア基金」を創設し、高齢者の活動の「ステージ」と社会貢献の「方法」を準備することである。

二度目の人生は、「二毛作」の「収穫期」であるが、「衰弱との戦い」でもある。戦いは「自分」という精神を維持するための間断なき努力だ。この戦いをやめれば、人間は精神を失って「ヒト」に退化する危険性が非常に高い。精神こそが人間の証であり、人間の意志をもって戦い続けることが望むべき「老い」である。

一億総活躍社会などと虚しい言葉が踊るだけで、政治は貧しく、年寄りに社会的活動の舞台はない。

（＊）馬場あき子（渾沌の鬱、砂子屋書房、2016年、p.239）

我老いて
風吹く如く生きないか
花散る如く死ねないものか

3　未知との遭遇

老いは、壮年期に築いたものを一つずつ失う。失うとは、これまで経験したことのない心身の衰えが連続して起こるということである。しかも、後期高齢期に入ると、崖崩れのような急速な衰えが始まる。「老い」を知っていたつもりの高齢者にとっても、後期高齢期は「未知との遭遇」である。世界一長寿の女性でも、健康寿命の平均は74歳を超えたばかりである。男性に至っては、ようやく71歳を超えたに過ぎない。

男も女も、後期高齢期に入れば、平均的に、身体が利かなくなり、介護の世話になる時間が近づく。故に、後期高齢期は「自立」能力を維持する戦いである。自分のことは自分でできるか？　行きたいところへ自分で行けるか？　介護の世話になっていないか？　これらの3点である。

後期高齢者は、「老衰」、「老残」、「老朽」、「老獪」、「老耄」、「老害」、「老骨」等が文字通りに現れる。どの文字にもあまり良いイメージはない。しかし、後期高齢期まで辿り着いて、なお、現役に伍して社会に出ていれば、「評価」が変わる。「年だから難しいだろう」から、「年なのに頑張っているじゃないか」へ。だから後期高齢期は挑戦の季節なのだ。

筆者個人のことだが、74歳までの自立能力は、過去の自分の延長線上で想像してあまり大きく間違わなかった。しかし、75歳を過ぎてからは、「過去類推」方式は通用しない。一気に老衰が加速し、過去の経験が未来の予想に繋がらなくなる。「未知」の衰えは、先ず、身体機能に起こる。筆者には、これまでできたことがつぎつぎとできなくなっていった。

(1) ロコモーション・シンドロームの激化

75歳を過ぎたころから、いわゆる「ロコモーション・シンドローム（運動器症候群）」の「激化」に苦労するようになった。筆者の場合には、つまずいたり、転んだり、落としたり、ぶつけたりが頻発するようになった。階段の下りが特に危ない。

原因の第1は運動能力の衰えである。歩く時に、つま先が上がっていない。距離の判断を間違えて、バランスを崩す。跨いだつもりが跨げない。掴んだつもりが掴めていない。視野狭窄で障害物が見えない、調理の時にものを落とす、などなどが頻発する。

対処策は衰えを自覚して注意するしかない。「昔のようにはやれない」、と自分に言いきかせる。具体的には、毎日の動作をゆっくりすることで対応している。階段の上り下りには、必ず手すりを持つ。年寄りが転んだら、骨折は免れない。骨折すればあらゆる活動から離れなければならない。活動できなければ、廃用症候群の餌食になる。

年寄りの動作がのろくなるのは、ロコモーション・シンドロームを警戒するからである。警戒のあまり、小股、前のめり、のろまになる。とろとろしてれば一気に年寄りくさくなる。だから人一倍、姿勢や歩き方に気をつけている。散歩は大股に、犬が立ち止まったら、その場で膝を高くあげて軍隊行進のように足踏みをする。

原因の第2は、身体が固くなることである。だから、立ち居振る舞いの動き始めが辛くなった。車と同じで「ローギア」で動き始めなければならない。あわせて、身体のあちこちも痛み始めた。坂道や階段を下りる時の膝が痛い。机に向かった後、立ち上がると腰が伸びない。目覚めた時に、手足が固まってしまっている。ついにサプリメントの世話になり始めた。現在は、グルコサミン

&コンドロイチンを配合したサプリメントで何とか膝はもたせている。

背中や腰など、間接・筋肉の硬化には、身体を動かすしかない。使わない機能は使えなくなるからである。いままで通り、柔軟体操、屈伸、ストレッチ、タコ踊りで対応している。従来と一番違うのは、仕事の合間に、多頻度の休息・多頻度の軽運動を心掛けている。

英語のことわざに、「目覚めた時に、どこも痛いところがなかったら、天国にいると思え」というのがあった。その通りであろう！

⑵「脳の働きの鈍化」

脳の働きが低下するとは、生理学的に脳に何が起こるのか、筆者には分らない。分らないが、75歳を過ぎたら、何をするにも「億劫」になった。「億劫病」と呼んでもいいくらいだ。必要な暮らしの作業でも、取りかかるのが、とにかく、遅い。「まあ、明日でいいか」と思う。こうして日常事務が滞り、整理整頓が崩れ、家はゴミ屋敷の様相を呈してくる。

果たすべきことを先伸ばしすると、最後は、切羽詰まって動き出すことになる。早くやっておけば良かったと何度思ったことだろう。「億劫病」が度を越して、日常生活に支障が出るようになったので、最近は「張り紙作戦」をとるようにしている。出入り口に、今日明日中に「為すべき課題」や「買い物リスト」を貼り出している。ＪＲの駅員さんを真似て、「指さし呼称」もするようになった。

(3)　集中力と持続力の喪失

最近は、何をやっても昔のように長時間の作業はできない。集中しても長続きしない。集中力と持続力の喪失が後期高齢者の特徴である。だから、仕事のやり方を大きく変えた。

原理的には、何ごとも、「短時間、多頻度、多種類活動」に変えた。休憩もこまめにとるようにしている。集中・緊張が長く続かない以上、作業を分散・分割するしかない。

執筆中のある日、パソコンに指を置いたまま居眠りしたのには、我ながら驚いた。まるで、催眠術にかかったようだった。対処策は、休憩を多くして、活動を細切れにして、断続的にやるしか方法はない。気分転換が大事で、休んだあとに仕事に戻るタイミングが大事だ。当初の目的を見失ったら作業に戻れない。

「短時間、多頻度、多種類活動」とは、仕事は短い時間だけ、何回もやる、しかも、目先を変えて色々なことをやる。なお、仕事をやり遂げるためには、優先順位を確立し、当初の目的を忘れないことだが、容易ではない。勤勉と意志力が問われる。

(4) 外へ出なければ、孤立する

年をとったが、全力で外の仕事をもらえるよう努力している。生涯現役とは、社会貢献の別名である。「現」に「今」役割があるということである。仕事がある限り、自分は未だ必要とされている、と実感できる。

依頼者は、当然筆者の生年月日を見るので、電話がかかってきたら、礼儀正しく、「愛嬌銀行」満タンで精いっぱい若々しく対応する。それでも隠居文化は年寄りを見限る。講演依頼は5年前の半分に減った。

油断したら、独り者は3日も4日も誰とも話さない日が続く。それ故、社会との関わりは、ボランティア活動で保っている。職業を継続できない以上、ボランティアこそが、孤立予防・ボケ防止の切り札になる。筆者は、英語ボランティアのクラスを二つ持っている。子どもたちは遠いので、孤独死に対応してくれるのは、生徒さんだと思っている。「未知との遭遇」の対応策は、「読み、書き、体操、ボランティア」である。

(5) 色気を失う

人間にとって、色気の喪失は大問題である。神様が男と女をつくってくださったのに、老いた独り者は、付き合う相手を探すのに苦労するだけではない。男女とも、使用期限や賞味期限が切れる。色気がなくなれば、精力も活力も枯渇する。テレビのコマーシャルを見れば、高齢社会はみんな精力の維持に苦労している。アンチエイジングの化粧品やバイアグラが売れるのもうなずける。

しかし、この世は、捨てる神あれば、拾う神あり、である。筆者は、機会あるごとに、「茶飲み友達」募集中と触れ歩いている。正直に条件を言うことにしている。できれば「やもめ」、「再婚はしない」の二つである。反応はあるが、成果は公表しない。

この夏を十日も待たず

死ぬ蝉がひたすら歌う
何の不満ぞ

4　老いては自分に従え

成人は過去の経験に基づき、判断や発想の基準となる「自分」というものができ上がっている。まして、長く生きた年寄りは、良くも悪くも「長い経験の蓄積」が判断や発想の基準になる。通常、「経験知」と呼ばれる。経験知を総合した結果が、心理学上の「アイデンティティ」である。通常「自己同一性」と訳されるが、わけの分からぬ訳語である。英語はIdentityで、略語のＩＤは「身分証明書」のことである。身分証明を「自己と同一の性格を持つもの」と言われても何のことかさっぱり分からない。

筆者は、「パーソナリティ（人格）」と区別して、「自分自身観」と訳している（＊）。パーソナリティは第3者が他者を見た時の他者の性格判断であるが、「自分自身観」は自分が自分を見た時の性格判断である。「自分とは何か？」という質問を自分に発して、「自分で答えた答の全部」である。

要するに、人生について、世の中について、美しいものについて、醜いものについて、そして自分について、自分がどう考えているかを答えた答の総体である。こんな風に説明すると「価値観」という概念に似ているが、「自分についての定義」は「価値観」よりも広い！「自分自身観」は、「価値観」も、「感性」も、好き・嫌いも、態度も、実践も自分に関するすべてを含んだ自分についての定義である。それゆえ、「自分自身観」は他人のことはどうでもいい。これが確立されていないということは、「自分の答」が確立されていないということなので、何ごとにつけ世間に振り回される。通常、世間に流される人間は、「自分自身観の拡散（Identity Diffuse）」と呼ばれる。他方、ぐずぐずしていて自分のことを決められないのが「モラトリアム」である。

大人は、まして年寄りは、「自分」に従って、主観的に生きればいい。義理人情を始め、しきたりや常識など、自分と相容れない外部評価に流されるからストレスになる。他人と比べることを止めて、「オレはオレだ」と開き直れば良い。「あるべき自分」こそが、ひとり暮らしの判断と発想の基準である。

「自分自身観」は、価値判断の大元であり、自分が生きる原点である。「自分自身観」は、人生のあらゆる現象を識別するフィルターの役目を果たす。このフィルターが機能していれば、経験豊かな高齢者はブレない。「見たいもの」だけを見、「聞きたいことだけ」を聞く。

すでに、高齢者は死に近いのだ。おのれ自身に自信を持って、やりたいことだけをやればいいのだ。「老いては子に従え」ではない。「老いては自分に従え」、である！　ひとり暮らしの年寄りは、ものを捨て、意地を捨て、自惚れを捨て、しかし、誇り高くあれば、最後まで自分を全うして生きることができる！

（＊）拙著、「自分自身観」の4類型、成人の発達と生涯学習、ぎょうせい、昭和57年、p. 63

貨車が行く
夏あけぼのを長々と
行く当てのある列の正しさ

第２章　「負け戦」をどう戦うか

１　「健康寿命」を志しても、しょせんは「負け戦」である

人間に死がある限り、老いは必然的に「負け戦」である。健康寿命を志してもその事実は変わらない。ゆえに、老いの戦いに破れるとしても納得して破れたい。願わくば、美しく破れたい。この時、「自分史」は、人生を納得して終わるのに役立つ。

この世に未練がある限り、年をとるにつれて、過ぎた日々は美しく回想され、自分を納得させる思い出だけが濾過される。心理学的には「認知的不協和の理論」（L.フェスティンガー＊）が働くのである。認知的不協和の理論とは、受け入れがたい体験を受け入れるための精神の自己防衛の仕組みである。過ぎた事実を変えることはできない。しかし、その解釈を変えることはできる。

「辛かった過去」は「自分を鍛える試練だった」と解釈するのがその一例である。われわれの多くはそのようにして前を向いて生きてきたのである。イソップ物語の狐は、跳んでも、跳んでも葡萄に届かなかった。諦めるためには、「あれは酸っぱい葡萄だった」と思えば、救われるのである。自分史が事件や失敗の評価に甘くなるのも、無意識のうちに認知的不協和の理論が働くからである。極端な「自慢史」にならぬ限り、人生を納得して終わるためには、それでいいのである。

（＊）L．フェスティンガー、末永俊郎監訳、認知的不協和の理論、誠信書房１９６５

薔薇を切り紫陽花を切り
小手毬も
先の分らぬ春ではあるが

2　高齢者は「休耕田」—放置すれば、自然は荒れる

(1)　人間は自然、教育は手入れ

人間は自然的存在である。だから、教育は自然の「手入れ」にあたる。手入れを怠れば、丹精した田畑も1年で草ぼうぼう、3年で薮になり、10年で森になる。子どもは開墾前の田畑であり、成人は手入れを続けてきた田畑だ。高齢者は、時に休耕田、隠居は間違いなく長く続いた休耕田である。高齢者が手入れを怠れば、1年でがたがた、3年でボケが出て、10年で老衰し、寝たきりになるのが落ちだ。教育を忘れて、「手入れ」をしなければ、社会生活における「共生」も「思いやり」も消滅する。

過日、今年の薔薇の伸び具合が悪いと友人に便りをしたら、「思い切った剪定をしなさい」と返事がきた。薔薇が翌年に、しっかり花芽をつけるためには、

秋ごろにかなり思い切って枝の剪定をしなければならないという。植物は「生存の危機」にさらされることで頑丈な枝葉を伸ばし、花芽をつける、ということだ。そう言えば、夢中で生きた昨年は剪定どころではなかった、と思い出す。薔薇に託して、「お前の暮らしに生存の危機はあるか」と問われた気がして、怠惰に過ごしたゴールデンウイークを振り返る。

年をとって社会との関係が薄くなれば、休日に仕事はない。仕事がなければ、「火事場」もない。「現場」を失えば、生存の緊張感は湧かず、活力も湧かない。

薔薇の活力は「生存の危機」がつくるとは、高齢者にとって、他山の石となる教訓である。現役と違って、社会の役割や責任から遠くなっている高齢者に、他者と交わる現場はない。病気や事故以外、「火事場」は訪れない。当然、「生存の危機」から遠くなる。

(2) 教育を放棄することは、診断と処方を放棄することだ

「隠居文化」に安住していれば、「現場」どころか、辛いことから逃げ、安逸に溺れて、適切な「負荷」さえからも逃げる（＊）。高齢者のひとり暮らしは「生存の危機」からほど遠いのである。だから老耄が速くきて、健康寿命が短いのである。

イェール大学の研究グループによると、「ストレス」を受け入れる人は健康で幸福になるという。活動は負荷であり、交流も負荷である。粗衣粗食も、自分に「負荷」をかけることである。生命体は負荷に反応して自らを鍛える。適切な負荷は目標のある生活から生まれる。生活目標こそ、高齢者が自ら創り出すストレスであると言ってもいい。

孔子がいう通り、「ひとりを慎しむ」ことは凡人には難しい。つくづく、人間もまた他の動物と同じである。生活に「快」と「楽」を求める。フロイドのいう「快楽原則」で生きる生き物の特性は、人間も同じである。特に、隠居は、安楽な余生を求め、負荷を忘れ、快楽に流される。医学の進歩で、平均寿命は今後も伸びるに違いないが、安楽な余生を求める日本人の健康寿命は、遅々として伸びない。自然的存在である人間に手入れをしなければ、自然は荒れる。それでなくても呑気に暮らす高齢者は、長く放置している「休耕田」に匹敵する。

昭和62年の「臨時教育審議会」以来、日本の教育行政は、「教育」を放棄して、「学習」で良いと言い続けてきた。学習者の自侭に任せれば、人間は「快楽原則」に流される。前向きの学習者でさえも、「楽」を選択し、「負荷」から逃げる。公民館のプログラムが、一部の人々の趣味とお稽古ごとに占領されているのは周知の事実である。教育を問わなければ、楽な方に流れるのは当然である。

教育を放棄することは、医者が診断と処方を放棄するようなものである。子どもに「頑張れ」と言いながら、高齢者には「お好きなように」と言っているに過ぎない。生涯学習政策は、「生きる力」の診断と処方を放棄し、日本人を軟弱にしている。文科省も、その周りにいる学者も未だ分っていない。地方の教育行政は、その中央の言いなりである。救いようがない。

（＊）拙著、「隠居文化」と戦え、日本地域社会研究所、平成28年

⑶　おしゃれは、好きな人に逢う時だけでいい

「老いてもおしゃれを忘れるな」、といろいろな本に書いてある。色気がなくなったら一気に老け込むぞ、とも書いてある。講演者は「見てくれが８分」だと忠告を受けたこともある。しかし、年をとった独り者には余計なお世話である。

年寄りは粗衣粗食がいい！　おしゃれに気を使い、金を使い、時間を使うのであれば、結果の出ることに使いたい。戦って生きてさえいれば、老いても美しいのである。格好いい生き方は、基本的に、おしゃれなどと関係はない。

食い過ぎは万病の元だ、とどの本にも書いてある。グルメ趣味も、おしゃれ

も、通常、金がかかる。年金暮らしには余計なことだ。年寄りには、シンプル・ライフが大事で、粗衣粗食が良く似合う。

粗衣粗食は、貧乏や病気に備える暮らし方の戒めだけではない。余計なことに気を使わなければ、時間やエネルギーに貧乏しなくて済む。何より質実剛健は、高齢者の「生きる力」に直結している。

ただし、仕事や好きな人に会う時だけは、精一杯の身だしなみを心掛ければいい!!

乾きたる洗濯物を
たたみいて
しみじみ我を褒める時あり

3　老年よ、大志を抱け！

大志が必要なのは、少年に限ったことではない。高齢者はもはや若い世代がいう野心や野望とは無縁であるが、死という一大事が待っている。残された時間も少ない。如何に死ぬかは、高齢者の志いかんによる。

若い人々に比べれば、高齢者の現状は暗い。先ず、体力が衰え、健康は危なくなる。訃報が届くようになり、仲間との別れもくる。「老いてひとり」には、孤立が待っている。年金以外の収入はなくなる。昔から言うように、歯・目・生殖機能も衰える。食べ物を食うのに苦労が始まり、目が衰えれば、読み書きも難儀になる。かくのごとく、若い時に頼りにしていたものが次々に失われるのである。

政治は、票につながる福祉に関心は示しても、高齢者の出番に関心を示さない。また、老害に懲りている文化は、「隠居は引っ込んでろ」、という。生涯現役論が、かけ声倒れに終わるのはそのためである。健康寿命が平均寿命に全く追いつけないのも、高齢者を社会に参画させないからである。

今頃になって、一億総活躍だといわれて、舞台を探すが、高齢者に参画の舞台はない。「ゲートボールでお元気に」とか、「小学生の登下校を見守ってください」、と言う。政治も、行政も、年寄りにはその程度のことしかできないと思っているのだ。腹立たしい限りである。

藤沢周平は、隠居は「無用人」になると喝破したが、「無用人」になってたまるか！　だから、現役に執着している。身体を鍛え、愛嬌も振りまいて、出番を探している。諦めの悪い未練だといわれるかもしれないが、今の若い人がやっていることぐらいは、時間をかければまだできる。

努力を怠らないことが年寄りの大志である。老いぼれて、ぼろぼろになるまでがんばる。少しは役に立つところを見せたい。「役に立ってみせる」という思いも高齢者の大志に属する。

発表の機会さえあれば、晩学者の研究も世の中と繋がる。どこかに聞いてくれる人がいて、読んでくれる人がいる。だから、筆者は晩学を止めない。

年寄りの成功の基準は自分で決める。もはや、後期高齢者に、「もう一花」咲かせる時間はない。後は死に方だけが残されている。だから、それぞれの死に方を決めなければならない。天寿という通り、寿命は思い通りにならない。命は惜しいが、自覚のない延命治療はゴメンだ。「尊厳死宣言」（＊）を書いて、国家財政の負担を避け、金儲けの医学に逆らうのも「大志」の一つである。「よくぞ生きた」、「やれるだけやった」と言えるまで、天が決めたという寿命だけで突っ走るのが願いである。老年よ、大志を抱け！

（＊）リビングウィル普及と尊厳死法制化を目指す一般財団法人で、「日本尊厳死協会」（〒１１３－００３３東京都文京区本郷２－27－８太陽館ビル５０１）がある。ネット上に「尊厳死宣言」のモデルが提示されている。

この一書

我が存在の証明と
気を取り直し机に向かう

4　自分の死は自分で悼め

訃報は次々とくる。孤独死のニュースも絶えない。年寄りに死は迫りくる必然である。動物が仲間の死に動じないように、死に取り囲まれた年寄りも自分のことだけを考えればいい。子どもを煩わすまいとする「終活」は大事だ。世間のしきたりや常識にこだわらなければ、それほど面倒なことではない。

残すべき後始末の指示があるのなら、「自筆証書遺言」（＊1）にしておけばいい。葬式も形式にこだわらないと思えれば、楽になる！　千の風になるか、空の星になるか、伝説や物語は死後の行方を語ってきた。

墓の中に自分はいない。死は土に還るだけだと思えば、人は千の風にも、空の星にもなれる。問われているのは詩的な想像力である。流行り唄のように、千の風になれると思えば、あなたを愛した人々も安らぐことができる。空の星になると思えば、七夕伝説になれる。昔から人間はそのように想像力を働かせて、死に対処し、生き抜いてきたのである。

「葬式代まで負担します」などという保険のコマーシャルに騙されてはいけない。散骨でも樹木葬でも現代社会は実に良いアイデアを発明してくれている（＊2）。葬式代を心配する必要はないのだ。自分の意志を固めておけばいいことである。

自分らしく死にたいのであれば、間違っても最後は、医者の判断に任せないことである。日本の医療は基本的に商売である。病院に入れば、簡単には死なせてもらえない。安楽死を認めないのも、終末医療に膨大な金がかかるのも医者という仕事の半分は商売だからである。膨大な金を出して、医者が自分の子どもを私立の医大に入れようとする理由も、また、医療は儲かる仕事だからである。週刊誌が医者を選べ、と書いているのは「やぶ」が多いからに他ならい。

また、葬式も同じである。日本の寺の多くは、教会やモスクと違って、副業に精を出し、市民に寄り添ってこなかった。だから、葬式仏教と呼ばれるのである。普段、何の付き合いもない僧侶が突然やってきて、一般人には意味も分からぬ梵語のお経をあげてもらったところで、何の意味があるのか、と筆者は思う。戒名の字数で葬式の値段が変わるなどとは言語道断。寺は差別戒名（＊3）を書いた歴史の反省を何処まで背負っているだろうか？

「自分史」は「紙の墓標」だと言った人がいるように、自分の死はまず自分が悼めば良いのだ！　そのためには、ここらでいいだろうと思えるよう、心行くまで戦って生きなければならない。なかにし礼が作詞し、加藤登紀子が曲をつけた昔の歌謡曲にあった。「長かろうと、短かろうと」、「右だろうと、左だろうと」、「わが人生に悔いはない」と歌えることこそ肝要である。

（＊1）法律で定められた要件は、①全文の自書②日付の自書③氏名の自書④押印である。

（＊2）自然葬（しぜんそう）とは、墓でなく海や山などに遺体や遺灰を還す。「葬送の自由をすすめる会」（本部・東京、1991年2月、発足。
（＊3）差別戒名—多くの寺で、被差別部落民の墓だと分かる特定の文字（「革」「僕」「屠」など）や形式を用いることがあった。

雨上がる
誰か話しに来ないかと
思う心を叱りて学ぶ

5 家事力はひとりを生き抜く武器である

ひとり暮らしの武器は家事力である。家事は365日人間を追いかける。家事力は健康にも、家計にも関係する。高齢者は、「金持ち」になれなくても、工夫次第で「時間持ち」にはなれる。だから、老人のひとり暮らしは家事力にかかっている。

コンビニに恨みはないが、コンビニ依存は不経済である。スーパーなら2割は安い。金のある人はどこを使おうと勝手だが、慎ましい年金暮らしにコンビニ依存は愚の骨頂である。コンビニは楽だが、楽な分だけ「負荷」はかからない。身体を使わず、頭を使わず、気も使わず、しかも、金だけはかかる。楽をしようとする年寄りは、当然、適切な負荷さえかけないので、心身の廃用症候群が起こりやすい。人体の不思議だが、使わない機能は、「必要ない」と判断され、やがて使えなくなるのである。高齢者が老いぼれるのは、年のせいだけではない。楽して、心身の機能を使わないからである。年寄りがコンビニに依存するようになったら終わりが早まる。ボケが怖い人は、コンビニに依存してはならない。

料理は簡単な絵入りの家庭料理の本が一冊あれば間に合う。色々な材料をバランスよく使えばいいだけのことである。インスタントラーメンですら、野菜や肉を放り込めば立派な夕食になる。工夫と好奇心で料理は何とかなる。手順や組み合わせを常に考えるので頭を使う。毎日がボケ防止になる。

洗濯機は誰でも使うだろうが、ドライヤーと組み合わせるのがコツである。金がかかるのは最初だけである。天気に左右されず、除菌もできる。文明の利器を使わぬ手はない。余分な家具をおかなければ、ロボット掃除機が活躍する。家事力も最後は工夫力である。

板の間に小用をして
叱られて
我を見上げる犬の幼さ

6　意志にこだわるな、習慣にこだわれ

「老いてひとり」の暮らし方に参考になるかと、ビジネス書まで読みあさった。筆者の悩みは、「やる気」に波があり、生活リズムが安定しないことである。三日坊主に終われば、計画は計画倒れになる。毎回の執筆でも長いスランプに苦しむ。

そんなとき、「習慣」論に出会った。たくさんの資格を取得された高島徹治氏は、「意志にこだわるな、習慣にこだわれ」という。「気のむら」と「意志薄弱」に悩んできた身には目から鱗であった。

この人は「オレを見透かしている」と思って読んだ。私は研究者でありながら、後期高齢期に至るまで、勤勉に苦しみ、いつも意志薄弱を嘆いて生きてきた。

氏は、オグ・マンディーノを引いて「人間は習慣の奴隷である」という。だから、意図的に習慣を創り出して、「奴隷になれ」と勧めている。

有効・必要な習慣を創り出して、意志と戦わなくて済むようにできれば、生活リズムの変調を防ぐツールになるという（＊p．27）。

習慣を変えれば、確かに人生を変えられるのである。自分の周りにも、実際に実践していることが沢山ある。電気を消したり、火の用心をしたり、戸締まり、体操などは、親のしつけで、ほぼ習慣化している。だから、日常の家の管理で頭を使うことはほとんどない。習慣化した行動は、無意識にやれるのだ。習慣化した行動は考える必要がなく、反射的で間違いも少ない。極めて効率的で、持続性もある。意志や意識と戦わないのでストレスを伴わない。習慣化ができていない勉学や執筆は、いつも薄弱な意志と戦っているので、ストレスになる。時には、ひどいスランプに落ち込んで、飯も食いたくなくなる。

高島氏は、習慣とは「手続き記憶」だという（＊p．40）。「手続き記憶」は「無意識の領域」の行動だから、良い習慣を作れば、薄弱な意志と戦わなくて済む（＊p．43）のである。

人間の行動は、何回も繰り返して、習慣化すればやがて自然にできるようになる。最初は意識的でも、習慣化できれば無意識の行動が可能になるのである。無意識の行動とは、脳を経由しない「反射」に似ている。だから、習慣は身体を動かしてつくる。スポーツの技能や車の運転に似ている。「身に付く」という学び方である。道路交通法ができて、シルバーシートが義務づけられて以来、繰り返しているうちに、いつの間にか、無意識にシートベルトを締めるようになっている。

「人間には何ごとも繰り返すことによって無意識下に働きかけ、それを好きになるよう学習していく機能が備わっている」（＊p.82）という。別項に書いたが、遅まきながら、私も勉学の習慣を創り出す目標を立てた。新しい参考書を一日10ページ以上を読み、感想を1頁書くと決めた。この計画は、スローガン化して手洗いのドアに貼り出した。この数カ月、自分の決めたルールを守っている。1年も続ければ、習慣になるか？　もう少し早く分かっていれば、晩学者にも、もっとましな仕事ができたろうにと悔やまれてならない。

（＊）高島徹治、「寝る前30分」を変えなさい、ＫＫベストセラーズ、２００８年

かたくなに思い定めし
我が老いを
愚かなことと笑いますか

7　やったことのないことをやれ――習慣は諸刃の剣である

上記の通り、習慣化することは大事だが、高齢者にとっては、諸刃の剣である。習慣は「反射」に似ているので精神を煩わせなくていい。考えずにやれるので、自分の意志と戦う必要もない。

ところが、習慣化された行動は、規則正しい分、日常を単調にパターーン化す

る。変化のない繰り返しは、老後のひとり暮らしに危険である。「精神の固定化」（＊1）が起こる。「精神の固定化」とは、かつてやったようにしかやれず、かつて考えたようにしか考えられなくなるという現象である。精神の固定化は、ひとり暮らしから変化と新鮮さを奪う。食事から始まって暮らしの中身もリズムも単調になる。

医者の多くは、規則正しい暮らしが大事だと言うが、規則正しさは、時に、刺激のない日常に転落する。高齢者の日常に刺激がないことは、ボケに繋がる危険が大きい。

認知症の問診票に「今日の曜日が分かりますか？」などと出てくるのも、「きょうよう」（今日の用事）と「きょういく」（今日の行くところ）がないということが問題なのである。

外出や会話のない暮らしが、「単調」の典型である。用事も、行くところもなくなれば、生活は一気に単調化する。福岡県古賀市がまちをあげて「高齢者外出促進運動」をしているのは、慧眼である。古賀市は「お出かけ大賞」（＊2）

という、高齢者の外出に褒美を出す仕組みまでつくっている。

「精神の固定化」を突破する方法は、たった一つしかない。「これまでやったことのないこと」をやることである。非日常的なプログラムが大事なのも、単調なリズムを打破できるからである。行ったことのないところへ出かけ、話したことのない人と話す。高齢者の外出は、小さな非日常を演出するのである。習慣化も大事だが、習慣にとらわれないことも大事である。仕事の規制がある現役と違って、高齢者の自律は手強い。

（＊1）ロバート・ペック、人生後半の心理的発達課題、拙著　成人の発達と生涯学習、ぎょうせい、昭和57年、p．32

（＊2）「お出かけ大賞」：高齢者がまちの催し物に参加すると参加証明のシールをもらえる。30枚（30回）シールを集めると「大賞」がもらえて、さらに、別枠の抽選でまちの特産品など魅力ある商品が当たる仕掛けになっている。

溌剌と生きる人あり
見比べて
昨日落ち込み今日も落ち込む

第３章　老いたら自然に還れ

1　バカにされたらやり返せ！

高齢者が繰り返す自動車事故の影響もあるのだろうが、最近は高齢者への風当たりが強くなっている。敬老文化が聞いてあきれる。

(1)　面白いけど、バカにするな！

最近は、コントまでが高齢者をバカにしている。「18歳は恋に溺れ、81歳は風呂に溺れる」といい、「18歳は暴走し、81歳は逆走する」という。「未だ何も知らないのが18歳、もう何も覚えていないのが81歳」。

うるせえ!!　オレも高齢者だ!　ここまでいわれるいわれはねぇ!!

(2) もたもたしないでさっさと逃げろ!

最近のニュースでは、高齢者の万引きが増えているという。こちらは哀れを通り越して腹が立つ。

「ひとり暮らしの高齢者が増加するにつれ、増えているのが高齢者による万引きです。最も多いのは、スーパーなどでの食料品や日常品の万引きです」、という報道を聞いた。

みみっちい話だ!!　同じやるなら、世間をあっといわせるようなことをやらんか、と思うのは後期高齢者の遠吠えか!

「高齢者の万引き犯の3割以上がひとり暮らしだったことが判明。警察の調べなどに「生きがいがない」、「相談相手がいない」などと話した人もいた、という。オレもひとり暮らしだ、それがどうした。「ひとり暮らし」をバカにするな！

「高齢者が盗んだ物の68％は食料品で、少年や成人に比べ安価な日用品が多かった。おにぎりやあんパン１個というケースもある。動機のうち「経済的困窮は13％にとどまった」、という。女性高齢者の率が高いという。女性よ、しっかりしてくれ！　あんパンひとつで捕まったんでは、美しく老いるにはほど遠い！

一方、高齢者をかばう憐れみの説明もあった。

「実は高齢者の犯罪率が、下の世代より高い訳ではない。年齢的に万引き逃げ切り率が低いだけかもしれない」!?

やるんなら素早くやれ！　とろとろヨボヨボするな！　捕まるぞ!!　ということか!!!　こちらはこちらで腹が立つ!!　立て！　決起せよ、日本の高齢者!!

顧みて

天の加護ある来し方を
まだ悔いありと云うにあらずや

2 憂き世を生き抜く想像力はあるか?

老後には思いもかけぬことが起こる。社会との縁が切れ、活動を失い、友を失い、配偶者を失い、健康を失い、重い病気にでもなれば、少しぐらいの蓄えは立ちどころに底をつく。

しょせん、世間も人生も思うようにはならない。老いてひとりは、自分すらも思うようにならない。覚悟と諦めが肝心になる。

終活を唱える人びとは、葬式をどうするとか、死後の挨拶状は出すのか、生活保護の申請の仕方とか、身辺の断捨離とか、遺産処理とか、孤独死を避けるためにとか、起こりうるさまざまな具体的なことを問題にするが、独り身に深刻な事態が起こった時には、そうした身辺処理はなるようにしかならない。孤独死はその最たるものである。

もちろん、死を想定して、準備を怠らず、家族や他者に迷惑がかかることは最小限にしておきたいが、取り乱して錯乱することが一番の迷惑である。

とにかく、生老病死の最後は、基本的に人間の力の及ばないところにある。それをコントロールしようと思うのであれば、昔の侍のように生き恥をさらすよりは腹を切る、ということを選択しなければならない。江藤淳氏が自らの「形骸」を処断して自裁したように、自死は高齢社会の一つの重要な選択肢なのである（＊）。

老いてひとりの状況に立ち至って、切り抜けることができる最大の要因は、諦めと覚悟である。老人性鬱にならず、ひきこもらず、前を向いて暮らすには想像力がカギである。あるがままの状況を受け容れ、現状の中に「美しいもの」や「楽しいこと」を見出す想像力があれば、辛うじて老いを生き抜くことができる。孤立も孤独も寂寥も、辛いと思えば辛い。しかし、誰にでも起こることだと覚悟を決めれば、辛さは和らぐ。政治も隠居文化も高齢者に冷たいが、それは所与の条件だと思うしかない。期待しなければ失望も少ない。考え方次第で日常の中にボランティアや花鳥風月の風流を見出すことは可能になる。

（＊）江藤淳の自裁は強烈な自尊心と社会保障制度のあいだの選択か？　選択といっても当然そこにはただならぬ葛藤や苦悩があったであろうことは疑いない。「脳硬塞の発作にあいし以来の江藤淳は、形骸に過ぎず、自ら処決して形骸を断ずる所以なり」と遺書にあったという。

切なくも
客がないかと思う日があり
客は来るな思う日もある

3　もの言わぬものたちは裏切らない

　動植物を愛せれば、ひとり暮らしの孤独はそれほど怖くはない。当面は花鳥風月を愛でて静かに暮らせばいいのである。

　花鳥風月に限らず、しつけさえきちんとしておけば、もの言えぬ犬も必ず人間の愛情に反応する。犬は、がまん強く、人間の世話を決して裏切らない。犬との暮らしが「癒し」になるのは人間と違って決して裏切らないことが最大の理由である。それゆえ、世話をする人間の方に慈悲の心が不可欠になる。慈悲は裏切らないものたちへの仁義である。草花もペットも人間の世話がなければ生き延びることはできない。

　たゆまぬ世話を不可欠とする故に、ペットや花鳥風月は人間に日常活動の使命と目標とリズムを与えてくれる。彼らの反応や成長は自然界の回答である。

　身近な草花一つでも水やり一つの世話を怠れば、枯れてしまう。窓辺の鉢植え一つが人間を救うというのは誠に不思議だが、生き物の世話は「義務」と「目標」と「リズム」を伴うことがその秘密である。自然に対して人間は時に、「滅私奉公」を要求される。自分のこと以前に、もの言わぬものたちの世話が先である。自然を征服の対象として来た西欧文明と違って、自然と共存してきた日本文化は恐らくこの一点が分かっているはずだ。にもかかわらず、西洋文明の影響を受けた近年の「自我の満足を優先する」個人主義は、自然との共生の意味が分かっていない。自己中の人間中心主義を捨てれば、自然は人間にやさしい。逆に、己を空しくできなければ、花鳥風月も自然の恵みも自分には還ってこない。「老いてひとり」の平安は、もの言えぬものとの共存がカギになる。

いつか見た燃えて落ちる陽
懐かしむ
ありがたきかな老いて君に逢う

4　花鳥風月に縋れ、動植物としゃべれ
――自然との対話は己との対話！

社会と切れたら年寄りは一気に老け込む。かといって、今の政治は、隠居文化にあぐらをかいて、年寄りに社会的活動の場は与えない。

年寄りは自衛するしかない。ひとりになったらますます自衛の工夫が大事になる。花鳥風月だけで生きることは難しいが、老いの後期は花鳥風月と対話ができれば救われる。

ひとり暮らしの孤独に慣れてくると、身の回りには、花鳥風月しかなくなる。意識さえしていれば、昔の人のように花鳥風月との付き合い方も覚えてくる。動物はもとより木々や草花にも、「やっと芽を出したな」とか「今日も暑かったろう」とか声がかけられるようになる。一木一草の小さな変化に気づき、施肥や水やりをした後では、「少しは楽になったか」などと声をかけて、自分の苦労が報われた気もする。

隣家の屋根には毎日鳩が啼く。「ジヨポッポ、ジヨポッポ、おら淋しいよ」と鳩が啼く。「おまえだけじゃないよ」と言ってやる。

小鳥の餌台に小鳥がくればさらにうれしい。「今日も来たか！」とか「台風が来るそうだぞ！」とか言ってやる。自然との対話は、己との対話でもあるから、花鳥風月に親しめるようになると、社会から「ひきこもって」いても、自分から「ひきこもる」必要はなくなる。

しかし、「一億総白痴化（大宅壮一）」のテレビの影響で、現代の日本人の暮らしは一方向的な受け身になっている。能動的に自然に働きかける訓練が欠如している。結果的には「風流」を楽しむ能力が欠けてしまったのである。

「ひきこもり」の異常は、「社会からの隔絶」だけではなく、「自分自身からの隔絶」が真の異常である。それゆえ、原因は、活動や社交の欠如だけから起こるのではない。自然を介した自分自身との対話を失うことに起因している。

英文学者の加島氏は、引退後を信州伊那谷に引っ越して自然の中で暮らしている。詩作や墨彩画などやることはあるという。「全てを求めないわけではない。

ただ求めることを少なくしただけだ」という（＊）。それが極意なのだろう。

老年期うつやひきこもりの最終的対策が社会参画であることは間違いない。しかし、政治が高齢者の社会的活動の舞台を配慮しない状況で、年寄りが社会に出ていくことは難しい。社会参加やコミュニケーションには、社会教育の支援が不可欠なのである。うまくグループにとけ込めないという世間からの孤立は、人々を打ちのめす。家族でも世間でも、人間に囲まれた孤立が最も辛いのだ。

個人と社会との間にペットや花鳥風月の風流心を入れることができれば、社会から隔絶したとしても、自分から隔絶する必要はない。老いた独り者は、動植物としゃべれ！　自然との対話は己との対話である！　それができれば、加島氏の言う通り、ひとりもそれほど淋しくない。


（＊）加島祥造、ひとりは淋しくない、ＰＨＰ編集部、歳をとるのは面白い、ＰＨＰ、２０１６年、p. 60

薄紅の夾竹桃を
抱きかかえ
来年も会おうなと囁いて見る

5　自分を褒めろ！
独り者は自分以外に自分を褒める者はいない!!

人間は、社会的存在である。それ故、人間が元気に生きるためには、社会的承認が必要であるとは、心理学の常識である。「ひとりぼっち」が辛いのは、社会から遠くなり、「承認」の機会から遠ざかるからである。

社会的承認とは、誰かに褒めてもらうことであり、社会に必要とされることである。生き甲斐や、やり甲斐も、社会的承認に深く関わっている。われわれは他者に認めてもらって正真正銘の社会的存在となる。若い人々が孤立に苦しむのは、他者のために働いていないからであり、褒められて元気になるのは、自分の行動が他者から「承認」されるからである。

一方、高齢者にとって、生き生きと生きることが難しいのは、他者のために働く舞台から遠ざかるからである。隠居は、「隠れて、住む」と書く。引退は、社会から離れることを意味している。社会から離れて、社会貢献はできない。昔の仲間からも遠くなる。一緒に飲んだのも、ゴルフをしたのも職場の仲間である。

引退は、自動的に活動から離れ、役割や責任からも離れる。地域デビューが大事だ、とどの本にも書いてあるが、要は、職業以外の社会貢献の役割を探せということである。引退とは、社会から必要とされなくなるということである。

高齢者にボランティアが大事なのは、職業以外で、自分が必要とされる舞台を自ら創り出すことだからである。「ありがとう」と言われ、「あなたのお陰」と言われれば、職業上の社会的承認の代替となる。筆者の英語指導のボランティアも、職業に代わる社会的承認を得る舞台である。しかし、すべての高齢者に、それぞれが気分よく活動できるボランティアの舞台があるとは限らない。工夫しなければ、「老いてひとり」は孤立する。他人の褒め言葉に依存することはできないのである。

他人が褒めてくれないのなら、自分で自分を褒めるしかない！「自分を褒めろ」と提案している藤山勇司氏は高齢者ではないが、「他人のホメ言葉に依存して」、苦い失敗を経験したという（＊）。彼が立ち直って、自立と社会的成功を果たしたのは、他者との比較を止め、自分を褒めることを学んだからだという。

氏の提案と筆者のやり方の重なるところを列挙してみよう。

（1）今日は今日やるべきことだけをやる。頑張り過ぎず、明日の分までやるな、という（p. 35）。今の筆者もようやく学んだ。必ずできる程度のことしか自分に課さない。まして筆者は独り者の高齢者だから……。

（2）自分の力を「数値化」する。これはサナトラスの助言と同じだ。藤山氏は、身体数値、ビジネス数値、資産数値をあげているが、筆者は行動数値だけで良いと考える。毎日の散歩・体操・ストレッチ、バランスの取れた自炊料理などを目標通りにやっているか？　筆者は研究者だから、一日10頁以上の読書、1頁の感想を書くことを自分に課している。最近は「短歌」を詠むことも目標に入れ、毎日メル友に送る。

これらの行動目標が達成できたら合格。「よくやった」と自分を褒める。藤山氏は、「自分を責めるな」と言っているが、筆者には、簡単な目標すら、実行できなかった自分を褒めることはできない。この「老いぼれが」と叱咤し、「怠け者」の言い訳をするなと己を罵る。メル友には、「昨日はさんざんのできだった」と、愚痴を書いて送る。愚痴を読んでくれる人がいることが「老いてひとり」の財産である。

こうした努力が積み重なれば、日々の精進がやがて1冊の本になっていく。出版は晩学者に与えられる社会的承認である。

（3）最後は心がけである。藤山氏は、「慌てず」、「焦らず」、「諦めず」と書いている（＊p.252）。筆者も同じだ。この三つは高齢者の特性で、暮らしの教訓である。慌てたら転ぶ。焦ったら血圧が上がる。諦めたら、あとは死ぬだけだ。

努力できる間の人生は、未だ捨てたものじゃない！　ひとりで高齢期を生き抜いているだけであっぱれじゃないか！

（＊）藤山勇司、自分をホメれば全てがうまく行く、実業之日本社、２００６年

見返れば
赤き花咲くわが家かな
訪なう人も待つ人もなく

第4章　人生の総括

1　自分史を書こう

人間は2度死ぬ。生物学的死」と「歴史的死」である。前者は「命の終わり」、後者は「あなたの存在が忘れられること」である。だから、人間は墓を創り、系図を創り、名を惜しんで、名誉の死を選んだ。

人間は生きることを命じられているが、ただ生きているだけではない。大事な人びとに記憶されるように生きたいのだ。

われわれは、意識的・無意識的に死を恐れる。同時に、生きたことの意味を求める。まさしく「パンのみに生きるにあらず」なのだ。

自分史は、人生の総括であるが、併せて、私を忘れないでと訴えている。人生の意義を検証し、子孫に生きた証を残すためだ。自分史は個々の人生を「歴史的実在」にしようとする努力である。自分自身が、己の人生を肯定しようとする努力でもある。

自分史は、「自分の時代」の産物である。ゆえに、自分史は現代の「語り草」である。かつて人びとが後世のために「名を惜しんだ」のは「語り草」になるためであった。今、取るに足らない我々も「語り草」を残したいと思うようになった。文明の成果は、電子技術や情報機器の発展をもたらし、自分史の流行に拍車をかけた。個人史の作成技術の普及は、誰にでも人生の記録を保証し、長期保存を可能にした。ピラミッドや仁徳天皇陵と同じく、私たちの個人史もまた数歩「永遠」に近づく機会を与えられる時代が到来したのである。あなたの人生も適切に記録すれば、未来に語り継がれる歴史になり得る。自分史が集まって時代を語る時代がいずれくる。それゆえ、あなたの読者を想定し、墓に加えて、あるいは墓の代わりに自分史を書くのだ。あなたの死後、あなたの墓参をしてくださる方がたがおそらくあなたの自分史の潜在的読者であり、未来の読者である。

自分史は、事件史であり、過去の出来事の総点検でもある。残された人生の企画書でもある。だから、「終活」や「遺言書」を含めて、残る者への指示や願いを書いておいてもいい。自分史は「紙の墓標」であると言った人がいる。私もそうだと思う。「墓」は、死者を悼むだけのものではない。「私を忘れないで」という懇願の象徴でもある（＊1）。寺の法要が今後どう変わっていくかは分からないが、後日、子孫が集まって、「爺さんはこんな男だった」と語り合ってくれると素直にうれしい。

自分史は面倒で、億劫、という人が多いが、だからといって「自分史ノート」のような、出来合いの退屈な履歴書のようなものを書くべきではない。いつ生まれてどこの小学校を出たかなどということを、子孫が集まって懐かしむはずはない。自分史には、当人の生き様が反映されなければならない。だから事件史なのだ。筆者は、日本人が培ってきた短詩形の俳句や短歌を活用した詩歌自分史を勧めている。短詩形の詩歌は、日本の無形文化遺産なのだ。老後の日記も俳句日記や短歌日記がいい。17文字や31文字では、思想を述べるには短く、論理の展開にも足りないが、必ず、人生の断片を切り取る。俳句や短歌の窮屈な制約の中でも、小さな感想を付け加えた自問自答は可能である。警告も、哀願も、懺悔も、未練の捨て台詞も可能である。子孫はそれを読んであなたの生き様を想像するのである（＊2）。

（＊1）拙著、熟年の自分史、学文社、平成24年
（＊2）拙著、詩歌自分史のすすめ、日本地域社会研究所、平成27年

ああ5月
再び会えぬ季節なら
今日一日を窓辺で過ごす

2 「足るを知る」ことが一番難しい

人間は欲張りである。他の動物と同様にフロイドのいう「快楽原則」（＊1）で生きている。「足るを知る」とは、現実を受け入れて、なおそのことに満足を見出す能力である。しかし、多くの場合、「受け入れること」はできても、「満足すること」は至難の業である。近年流行りの「自己実現社会」は、文化の規制を取り払って自我を解放した。しかし、個人の主体性とはしょせん「慾」に過ぎない。それゆえ、「慾」とは快楽原則と同じである。慾が大きくなる分、満たすことは難しくなる。欲に目がくらめば、自分を見失う。満たされなければ、欲求不満に陥る。老いて、欲求不満に生きることは何とも不幸である。だから、「持たないことは贅沢」なのだ、という識者もいる（＊2）。

多くの高齢者が不幸を感じているのは、現代に流行りの「自己実現」という空疎な概念のせいである。自己実現と欲望の実現は、多くの点で重なっている。実現しなければ欲求不満は必然である。

主体性の時代だと煽てられて、自己決定の自由の中に放り出された高齢者は、同時に自己責任を負わなければならない。欲求不満は欲張り老人の自己責任である。だったら、慾を自らコントロールするしかないではないか。死に臨んで、高齢者は主体性と自己責任の名において、人生の終わり方に決着をつけなければならない。ぼけないかぎり、人生をどう締めくくるかの決定は個人の判断に委ねられるのである。戦後、日本人の多くは、自由と主体性を貫徹すれば、「自己実現」に至ると勘違いしたのである。換言すれば、「規制」と「秩序」を取っ払えば「創造」と「充実」が生まれると錯覚した。人間にとって自由はそれほど甘くない。フランスの哲学者が、定年後の人生を「自由の刑」と呼んだのは的を射ている。

死に方の規制緩和は、人間の終末を混乱させる。混乱の結果が「終活」である。

いかに死ぬかは、最後の自己実現であろうが、周りの人間がそれぞれに「我」を通せば、死後も思うようにはならない。だから終活文書は遺言になる。悲惨な物語を聞くにつけ、終活文書に法的拘束力を持たせる人も出てきた。

死後も人生は思うようにはならない。それゆえ、心配の向きは、終活ノートを法的に拘束力のある「遺言書」にしなければならないのである。

今まで通り、しきたりと伝統に則り、親族に任せ、寺に任せることのできる人はそれでいい。終活なんか面倒だと思う人も今まで通りでいい。しかし、後で文句は言いっこなしだ。


（＊1）快楽原則─人間は生まれつき、無意識的に快楽を追求する性格を持つという、フロイドによる精神分析の用語。反対は、意識的に快楽原則を現実の必要に合わせて制御しようとする働きで「現実原則」と呼ばれる。

（＊2）山崎武也、持たない贅沢、三笠書房、2009年

昨日まで胸締め付けし

さみしさが
仕事の中に消え行く不思議

3　休めば錆びる――Resting is Rusting.

「休めば錆びる」とは、エジソンの言葉である。仕事人間の言葉であろうが、老人向けの言葉でもある。のんびり、楽して暮らせば、心身の機能は錆びる。定年や引退は、現代社会の決まりだから仕方がない。しかし、人生のレースから降りたくないのなら、安楽に暮らしてはならない。「休めば錆びる」からである。

現役についていけなくても、最後まであがいてみる。みっともないと思う人もいるだろうが、あっぱれと想う人もいる。人それぞれだ。現役への執着は、戦いを止めない者の美学である。最近は、定年のない会社ができたと聞く。いい心がけだと思う。この会社についていきたいと思う。錆び付かずに生きるとは、人生のレースを降りないことである。だから自分の目標を決めなければならない。筆者の目標は、晩学者として執筆と講演を続けることである。

高齢者にとって、「廃用症候群」は、医学用語であると同時に教育用語でもある。使わない機能が衰えるという医学的事実は、当然、人間の機能は使い続けるべきであるという教育学上の原理になる。体力から精神力に至るまで、人間の機能は、適度の負荷をかけて使い続けなければ「廃物（使用不能）」になるからである。

しかし、個人主義、生涯学習の時代は、だれも大人の意志に干渉しない。個人の自由とは、「自律」の原則だからである。それゆえ、「生きる力」の保持・存続は本人の意志に任される。高齢者の健康や自立も、当事者の自律意志の問題に還元される。本人の自己責任を問わないのに、個人の自由意志に任せるから高齢者問題は泥沼化する。主体性論も、生涯学習政策も、人間の快楽原則を甘く見ている。自由でいいのなら、自己責任を取らせるべきだ！

精神が衰弱すれば己に「負荷」をかけ続けることなどできるはずはない。かくして、高齢者の教育は不可欠になる。義務教育学校を開放して「市民聴講制度（＊）」を実現している自治体がある。特別の予算が要らず、どの自治体でも直ちに始めることができる。この制度は、「少年」と「高齢者」を繋ぎ、合わせて、「学校教育」と「社会教育」を繋ぐことができる。認知症の予防を想定すれば、「教育」と「福祉」を繋ぎ、「教育」と「医療」を繋ぐことにもなる。

（＊）市民聴講制度――1愛知県扶桑町民聴講生制度推進事業実施要領
2福岡県古賀市市民聴講制度
3山口県宇部市上宇部小学校、第12回人づくり・地域づくりフォーラムin山口、2017、「小学校で子どもと一緒に学ぼーよ、遊ぼーよ」

これでいいここまででいい

自らを褒め励まして
今日を生き抜く

4 「時間持ち」と「自由の刑」

老いてひとりは「時間持ち」だが、アキレス腱は「退屈」である。老いてひとりになった時、金持ちであることは例外だろうが、「時間持ち」になることは間違いない。筆者は、フランスの哲学者を引いて、定年とは「自由の刑」だと書いてきた。自由の刑とは、「退屈」に耐えろということであり、日々の充実は自分で探せということである。もちろん、「自由の刑務所」に、鉄格子はなく、看守もいない。だから、どこへ行こうと、何をしようと自由である。ただし、日々の満足は自分で見つけなければならない。通常、普通人の耐えられるところではない。定年を境に、うつ病やひきこもりが起こるのは、人々が自由の刑に耐えられないからである。

職業や子育てから卒業すれば、社会的役割の大部分を終了し、責任は軽くなる。しかし、問題は、われわれのやり甲斐の大部分は、社会的役割と責任に付随している。世間の承認や拍手も役割や責任を果たすことについてくる。特に、職縁の仲間との付き合いが切れることは辛い。社会から切れることは、壮年期を支えた人間関係からも切れることになる。

それゆえひとり暮らしの高齢者は、ボランティアで人に尽さない限り、感謝されることはなくなる。

4月が行くと君が言う
5月になりますねと僕が言う
それで正気が保たれる

5　ビリでも人生のレースは降りない
――美しき晩年

最晩年の過ごし方は、人それぞれである。それぞれであるが、人生が続く以上、生きなければならない。できれば、最後は格好良く逝きたいが、最晩年になると、美しく生きることとは、死に方にかかってくる。

生き方の美醜は個人の見解が分かれるところだが、若いころから「がんばっている人」は、格好良く見えた。きっと、少年期・青年期に教え込まれた美意識なのだろう。

だから、筆者にとって、美しき晩年とは最後まで「戦う晩年」である。年寄りの衰えは、必然である。生物の宿命だから仕方がない。特に、後期高齢期は油断すれば、心身が一気にぼろぼろになる。ゆえに、「戦う」晩年とは、ぼろぼろにならない修行と、ぼろぼろになっても、なお、「がんばり続ける」意志が問われる。

「がんばり」を支えるのは人間の精神であり、われわれの意志である。多くの高齢女性が「アンチエイジング」で戦い続けているのは偉い。

先日、テレビで「美尻」のための運動を見たが、真似してみたら中々負荷が大きい。美しくあり続けるためのあっぱれの努力である。何が「尻」か、とバカにしてはならない。「美尻」エクササイズは、尻が美しくなるだけではない。健康になり、衰えとの戦いなのだ。

カウンセリングは、苦境にあるものに頑張れと言うな、と助言するが、愚かなことだ。老いる女性の戦いを見よ！　最後のあがきと笑うことはたやすいが、男にできるか？　女性は背水の陣を敷いている。カウンセリングは、「背水の陣」の意味を知らない。必死に頑張らない人が苦境を脱出できるはずはない。

刀折れ、矢が尽き、衰弱して己を失うまでは、あるべき命を生きようと全力を尽くす。己を失ったあとは、「あるがままの命」を他者に委ねて生きる。しかし、復帰する見込みのない延命治療はしない。「尊厳死宣言」はそのためにある。筆者もすでに書いて、子どもや友人に託してある。それを決めるのは精神であり、受け入れるか否かは時代の精神である。

子ども時代から青年期にかけて、私たちは「生きる力」の基礎を形成し、その力は人生の経験を通してさまざまに加工してきた。加工の方法が自分流であったことは言うまでもない。戦中派は食糧難をくぐり抜けた。筆者も、ひ弱で丈夫ではなかった。しかし、辛さに耐える「耐性」は培った。苦労した世代は、「がまん」と「頑張り」が取り柄である。「生きる力」の条件は、体力、精神力、意志力、感情値（ＥＱ）などと表現されるが、これらを統合する核が、「欲求不満耐性」である。人生が思い通りにならなくても、がまんさえできれば何とかなる。

現代日本の幼少年教育の問題の大半は、欲求不満耐性の欠損にある。ゆえに、老いてひとりもまた、がまん強さが問われているのである。

われわれもいつのまにか年をとり、病気や認知症や死を心配するようになった。ある日、先輩がしみじみと言った。いよいよ最後だが、「晩年は美しくありたい！」。それが宿題だ。「美しき晩年」、「豊かな晩年」、「晩節をけがさない生き方」こそ、言うは易く、行なうは難い。具体的にこれから、何をどのようにして生きればよいのか?

「健康」が大事だと言えば、「病弱の人」の「晩年」は美しくないのか?「活動」が大事だと言えば、「活動」のない晩年は「豊か」ではないのか? 法律に違反せず、節度を保って生きれば、それだけで晩節を全うしたことになるのか? 考えれば考えるほど「美しい晩年」の条件は難しい。「人それぞれ」違うだろうということでは答にはならない。介護現場の報告を読めば、ますます恐ろしい。「進歩主義は幻想」、「自立した個人も幻想」と書いてある。「老いとは人間がヒトという自然に回帰して行くことなのだ」とも書いてある(*1)。「ぶらぶらしたい」老人に、「楽しい生き甲斐を見つけよ」と説教する必要はないのだ、と指摘し、「老人は何もしないからすばらしい」のだと言う学者もいる(*2)。

冗談じゃない。老人もメシは食い、風呂にも入る。病気になれば、社会保障に依存する。医療費も介護費も、大赤字なのだ。ぶらぶら人生は、はた迷惑なのである。私は、ビリでも人生のレースは降りない。最後まで健康寿命のために戦う。最後まで、自分の目標達成を諦めない。もちろん、最後の人生の採点は己の与り知らぬことである。

（＊1）三好春樹、女と男の老い方講座、ビジネス社、２００１、p．102
（＊2）河合隼雄、「老いる」とはどういうことか、講談社、１９９７、p．135

もう一度
終わる命を試しておくれ
終る時まで試しておくれ

6　人生の「限界効用」

(1)「今日の当たり前」は、「当たり前ではない」

限界効用は経済学の概念だが、われわれの生活にも当てはまる。人生でも、欲しいものが満たされると、手に入れたものの価値は急速に低下する。「限界効用逓減の法則」と呼ばれている。品薄で供給量が足りなければ、ものの価値は上がる。逆に、供給が過剰になれば、値段も価値も下がる。

われわれの欲求も、経済の原理に似ている。食事のうまさは、空腹の関数である。腹が減っていれば、大抵のものは美味い。ご馳走はありがたいが、毎日では、やがて飽きがくる。

会いたい人に会えなければ、恋しさが募る。反対に、毎日横にいれば、新鮮さは薄れ、いずれ飽きがくる。男女の愛はそうして崩れていく。長持ちの夫婦は、暮らしを通して、「恋人」から「戦友」に変わっていくのだろう。少なくとも筆者の場合はそうだった。

健康も、ご馳走も、男女関係も、欲求が満たされれば、それが当たり前になる。やがて飽きがくる。現状を当たり前だと思うようになれば、幸せも感謝も感じない。当たり前は、マンネリになって、変化のない繰り返しがくる。繰り返しには、早晩、飽きがくる。人間が陥る落とし穴である。

情けないことだが、いくつになっても、事につまずいて初めて、つまずきのないことのありがたさが分かる。いくつになっても、分別が足りず、不甲斐ない！

マンネリとは「現状が持続している」という意味である。マンネリを嘆くことは、無事に続いていることのありがたさを忘れて、変化や刺激の足りないことを嘆くことである。

後期高齢期まで生きてきたのに、いまだに「当たり前」のことは「当たり前ではない」のだということを実感できない。実感できれば、感謝を忘れないはずだが、毎日感謝を忘れ、不満ばかりを見つけて、愚痴っている。限界効用逓減の法則を意識していなければ、過去の喜びも、苦労もすぐ忘れる。「今泣いたカラスがもう笑った」というように「何もないこと」の「ありがたさ」を忘れるのである。「何もない」ということは、「無事」ということである。

健康も平穏も失ってみなければ、その価値は痛切に感じない。忘れっぽく、飽き易いことが人間の「不幸」の原点である。「無知」の原点で、「思い上がり」の原点でもある。

⑵ 躓かなければ分らない

幸せの条件は、当たり前だと思っている現状を失った時のことを意識できるか、否かの想像力の有無の問題である。一日でいいから、心の底から、感謝を忘れずに生きてみたい。一日でいいのなら、できるかなと思うけれど、これがどうしてどうして難しい。

人間は進歩を願う動物で、贅沢である。昨日の平穏を感謝しないで、昨日よりましな今日を望む。先週よりましな今週を探す。昨日に飽きて、今日の平穏のありがたさを忘れる。明日はもっと良くしたいと慾が出る。

他人と比較して、慾を出すと、状況はもっと悪くなる。上を見ればキリがなく、不幸な人々を見て安心を憶えるのもさもしい。人生論を読むと、「現状で満足するな」、「日常に安住するな」とあちこちに書いてあるが、それって欲張りではないのか？

「老いてひとり」の高齢者にとって、健康に暮らす今日の当たり前は、当たり前ではない。にもかかわらず、新しい明日を望むのは、慾張りではないのか？

考えれば、簡単に分かることなのに、昨日も元気、今日も元気なら、幸せなはずなのに、元気は当たり前だと思ってしまう。飯が食えるのも当たり前、天気がいいのも当たり前。無事故の運転も当たり前。彼の人の便りが届くのも当たり前。当たり前と思っているかぎり、感謝も幸せも遠い!!

今日をありがたいと思うのか、今日に満たされずに新しい明日を求めるのか？　欲張って、「どっちも!!」というのだろうが、二兎は追えない。人間はそれほど器用ではない。高齢者は、特に、健康の限界効用を意識しなければならない。有り難いとは「あり得ないこと」なのだ！　限界効用説は、われわれに人間の業を教えている。

風も陽も花も小鳥も
うれしけり
そう思わぬか気難しき我よ

7　最後までジタバタしよう

本書を書くにあたって、たくさんの人生論を読んだ。人生論は自分流に作り替えるしかない。それが結論になった。以下は、「老いてひとり」の自戒である。

(1) 最後まで仕事に徹する

年を取るにつれて、どうあがいてもやがて社会から相手にされなくなる。自分の「使用期限」が切れる。社会から必要とされなくなれば、心理学の言う「社会的承認」に縋って生きることもできなくなる。やり甲斐も生き甲斐も自分で見つけなければならない。

筆者は、世間が推奨するように、生涯現役を志した。だから、研究だけは止めない。出版社が了解してくれる限り、本も出し続ける。それができれば辛うじて社会に繋がることができる。幻冬舎は金さえ出せば、自費出版も受け付けると宣伝している。それが筆者を無用人の境遇から引き上げる「蜘蛛の糸」になる。

京セラの創業者・稲盛和夫さんの本に、「足ることを知らなければ、豊かさを知り得るはずはない（＊1）」と書かれていた。辛い指摘である。

健康で、友人にも恵まれ、いろいろあっても、いまだ食うに困らず、外の仕事は減ったとしても、いまだ皆無にはならず、それでも不満でいっぱいの自分に呆れる。稲盛和夫氏は、人間は三毒を持つ生き物だという。三毒とは、欲望、怒り、愚痴、である。「人間とは、つねにこの三毒に振り回されて生きている、因果な生き物なのです」（＊2p.44）。わが身を振り返って、納得せざるを得ない。そして、これらの毒素を薄める唯一の方法が一生懸命働くことで、働くことは修行に似ている、とも言っている。「仕事への愛情ほど有能な教師はいない」（＊2p.69）と言う。筆者もこの助言に従いたい。

（＊1）稲盛和夫、「成功」と「失敗」の法則、致知出版社、平成20年、p.86
（＊2）稲盛和夫、働き方、三笠書房、2009年

(2) 日常の中に「感動」を発見する

エドワード・ハロウェル氏は、稲盛氏とやや異なる。社会的承認や世間の拍手を得ることに汲々とするな、という。「人間は、自分の内部に幸福の種を宿している」（p.4）のだから、日々の暮らしに「心ふるえる瞬間を見つけろ」と言う。それは「感動」を見つけろ、ということだろう。そして感動は「発見」と「愛」の中にあると言う。自分の持っている感性や好奇心をどう生かすのか？心ふるえる人生もまた、今を感謝して、「足るを知る」ことなしに見つかるはずはない。どの助言も、感謝の姿勢に収斂している。

(3) 自由は孤独と連れ立ってやってくる

我が日常は「時間割」にしてみると「書く」、「読む」、「英語を教える」、まれに「誰かと食事」、「好きなテレビ」である。あとは月曜日から日曜日まで穴があいている。小学生ほどにも行かない。まれに食事すら飛ばしている。

独り者は自由自由だが、自由という暴れ馬を乗りこなすには、意志と責任が不可欠である。自由はたいてい孤独と連れ立ってやってくる。人と付き合うと自由が制約されるが、多少の不自由を引き受けなければ孤独に食い殺される。

「老いてひとり」はさまざまに不安である。不安が自分を苛立たせる。不安は孤立からくる。高齢者の最大の敵は孤独である。

本を読んだぐらいで孤独の出口は見つからない。老いもまた生き甲斐の探検が続く。自分で動いてみなければ分からないということである。老後の納得は、頭で理解することではない。全身をもって体感することであり、体得することである。とことん納得できなければ、何をやっても迷いは残る。何十年も生きて、世間を渡る間に、小利口になり、自分をだますことに慣れてしまっているからである。死という人生の最終章を迎えて、老後は自分をだませない。周りの人びとのおべんちゃらでごまかしもきかない。自分を見ているのは自分であり、自己評価に嘘をついたら、なおさら不安と焦りの深みにはまる。孤独を忘れられるような目標はあるか？　身の回りの出来事に「感動」を見つけようとする姿勢はあるか？　やはり人間は、感謝の姿勢を問われている。最後まで、謙虚さと努力が問われるのである。

⑷　これまでの発想は捨てなければならない

組織から離れ、職業から離れたら、これまでの発想は捨てなければならない。社会的承認の代わりになる何かを見つけないと発狂する。時間の流れに身を委ねるだけの日常を送るようになれば、「ひとり暮らし」は「その日暮らし」に転落する。不満と孤独は自分を追いつめる。老人性鬱で済むくらいなら、まだ軽いもんだ。切れやすく、世間をすねる「暴走老人」（＊）になるのがおちである。

定年が「自由の刑」とは正に明言である。やりたいことを見つけたら、時間は賢い消費だが、見つけられなければ、苦い「浪費」に終わる。

（＊）藤原智美、暴走老人、文春文庫、２００９年

(5) 最後のよりどころはボランティアである

日々が楽しいに越したことはないが、「限界効用逓減の法則」がある限り、老後はそれほど甘くない。身体の故障も起こる。趣味・お稽古ごとにもやがて飽きる。

第一、世間からも、他人からも相手にされなくなる。帰属集団がなくなった以上、自分で探しにいくしかない。ご近所の地域デビューで己が満足できるのであれば何よりだが、小生には到底できない。かといって、高齢者にもはや仕

事はない。だから、人それぞれのボランティアを探すしかない。「ありがとう」と言われ、僅かでも自分がまだ必要とされることもあると実感できるのは、ボランティアしかないのである。

⑹　恋愛は最高だが、「老いらくの恋」には、自制が不可欠である

生き残ったひとり身には恋もある。あったほうがいい！　互いに愛し合うために、神様は男と女をつくったのだ。パートナーがいなけりゃ、パートナーを見つけろ。茶飲み友達でも恋人でもいい。心が通じ合う相手の存在は極めて重要である。独り者が思いのたけをぶつける相手は不可欠である。愛の欠落は人生の空虚と同じだからだ。人間の不思議は、思う人が褒めてくれるから頑張れるのである。

歌人の川田順は弟子に惚れて、それまでの暮らしを捨て、老いらくの恋に走っ

た。

「墓場に近き老いらくの恋は怖るる何ものもなし」（川田順）と歌っている。あっぱれとは思うが、彼の最後は知りたくない。いくらなんでも高齢者が積み上げてきた過去を捨てて恋に走るのは、無茶であろう。無茶をやれば、不幸に陥るに決まっている。だから、愛しても、のめり込まない自制が不可欠である。少年に戻って、プラトニック・ラブなら文句は出ない。

(7) 最後はがまんと頑張りだ

健康に始まって老後は、「ないものねだり」のオンパレードだ。がまんのできない人は狂い死にする。若い者の抵抗力も老人の抵抗力も、最後は「がまん力」次第である。豊かな社会に育った「がまんの足りない」人びとの老後は悲惨だと予言できる。

健康を保つためにも、生きる姿勢を保つためにも、がまんと頑張りが不可欠である。年寄りは無理をしなくてもよい、という助言にだまされてはならない。がまんも頑張りも無理の同意語である。わが人生で、がまんと頑張り抜きで達成したことが一つでもあったか？　たとえ「頑張らない健康法」があったとしても、毎日その助言を「持続」するには頑張らなければならない。がまんと頑張りがなくて達成できる幸福などあるはずはない！

若者の仕事の辛抱と同じで、高齢者の老後の暮らし方も、ある程度やってみなければ、自分に合っているかどうかは分からない。意味があるかも分からない。楽しいかどうかさえ分からない。

しかし、人間とは不思議な動物である。時間とエネルギーを注ぎ込めば、その対象に価値があるように思えてくる。一生懸命やったことに意味のないはずはない！　一生懸命生きた人生に、充足のないはずはないのだ。認知的不協和の理論は人生の真実を語っている。

今有るものに満ち足りず
今無きものに憧れる
我が人生の業なりしかな

第５章　「老いてひとり」も捨てたものじゃない

1　「新しい縁」を探そう

(1)　「情緒的貧困化」が起こる

高齢社会といっても、全員が長生きする社会ではない。平均寿命が伸びたに過ぎない。もちろん、長生きをした人びとがすべて、みんな幸せになれる社会でもない。老後を幸福に生きられるか否か、は個々人の生き方次第である。特に、「老いてひとり」を生きる者の幸福実感の「ばらつき」は大きい。

壮年期までの生涯教育の課題は主として社会的課題である。それらは、例えば情報化、国際化、各職域の技術革新など社会的条件の変化に対する「適応課題」である。

しかし、「老いてひとり」になった時の最大の発達課題は、「ひとりぼっち」である。アメリカの心理学者ロバート・ペックはそれを「情緒的貧困化」と呼んでいる（＊1）。年をとるにしたがって、日常の気持ちを支えてくれる人間関係が先細りするということである。

ゆえに、熟年期の緊急課題は「社交」の創造になる。多くの人にとって、旧来の血縁、地縁、結社の縁は、年とともに衰える。老いの孤独は人間関係の希薄化に関係している。だから、年寄りほど、「新しい縁」を探さなければならない。後期高齢者の孤立と孤独は深刻である。中でも、独り者には、日々、会話の相手すらいない。

（＊1）拙著、成人の発達と生涯学習、ぎょうせい、昭和57年、p.29

(2) 新しい縁とは何か――交流は活動の副産物

生涯教育やボランティアの意義は、活動と交流をほとんど同時に生み出すことにある。交流を深化させるのは活動に伴う「経験の共有」である。日本人が「同じ釜の飯を食う」と言い習わしてきたのがそれだ。

それゆえ、交流は活動の副産物である。老いても、社会から離れず、活動を続けることの重要性はそこにある。活動が「縁」を生み出すからである。「活動の縁」は「同じ釜の飯」の縁である。

活動しない高齢者は「職業上の縁」が切れたあと、新しい縁に出会うことは稀になる。

(3)「戦友」は見つかるか

退職後の高齢期の活動は、必然的に、労働以外のものにならざるを得ない。趣味、お稽古事、学習、社会貢献などであろう。したがって、「新しい縁」とは、「同好の縁」、「学縁」、「志縁」の３つである。

活動を通してわれわれは、頭を使い、身体を使い、気を使う。だから「活動」は「廃用症候群」を予防するのである。しかし、内容が楽しくて、やさしければ、参加者にかかる負荷は低い。内容が高度で一定の責任や義務を伴うものほど負荷が高くなり、「縁の結束」は強くなる。ボランティアのように、社会契約上の一定の義務と責任を伴って、苦労を共にすれば、負荷は大きい。「志の縁」は活動の負荷が大きいだけ、「戦友」になり得るのである。「戦友」とは、互いの結束が固く、いざという時、お互いがお互いの頼りになる人間関係をいう。「同好の縁」も「学縁」も、高齢者に新しい交流をもたらすが、いざという時の支えになるかどうかは、分からない。「老いてひとり」を突破するカギは、「志縁」にある。苦楽を共にして頑張らないと、「志縁」には辿り着けない。

(4) 人生は「活動」でできている

人生は「活動」でできている、と喝破したのは、スイスの老年学者ポール・トゥルニエである。人生50年の時代には、生活の糧を稼ぐことがあまりにも大変であったがゆえに、われわれはややもすると人生は「労働」でできているかのように錯覚していた。もちろん、現在でも平均寿命が短く、経済発展が滞っている国では、実態として人生は「労働」でできていることだろう。

しかし、トゥルニエが指摘した通り、労働は「社会が要求した」「生産活動」あるいは「サービス活動」であり、活動の特別な形態に過ぎない。定年とは、生産活動やサービス活動が終わることであり、活動一般が終わることではない。

しかし、人生が労働でできているという錯覚は、定年後の活動の空白を生みやすい。労働の終わりが活動の終わりと錯覚するからである。

最大の危険は、人生80年時代に突入した今、定年後の「活動の空白」は、「活力の空白」に直結することである。日本の政治は、いまだ、その重要性に気付いていない。

「労働」から「活動」へのスムーズな移行は簡単ではない。周りを見渡せば、これまでの「労働」が、日々の「糧」を稼ぐ厳しい義務であった分だけ、退職後の年金暮らしが「無為」となり、「安楽」となりがちである。労働の終わりが活動の停止になってしまう例は限りなく多い。

仕事を通して、人は「頭を使い」、「身体を使い」、「気を使って」、心身の機能を向上・維持し続けてきた。労働から解放され、人々がその持てる機能を使わなくなれば、脳であれ、筋肉であれ、おそらくは内臓までも、その働きは一気に衰える。労働の終わりが活動の停止になった時、「廃用症候群」が如何に危険であるか明らかであろう。

「活動」は「やり甲斐」と「居甲斐」を生み出す。やり甲斐は、活動の意味と面白さであり、居甲斐は、社交が生み出す人間関係のうれしさである。「やり甲斐」と「居甲斐」の二つが相まって熟年の元気を支える。

「活動」が日々の張りと新しい人間関係を開拓し、老後の孤立から人びとを守ることになる。それゆえ、「労働の終わり」を「新しい活動」につなげる教育は、決定的に大事である。「労働」から「労働以外の活動」に繋ぐためには、「退職準備教育」が不可欠である。自侭な学習ではできない。

何を学ぶかは、「みなさまの自由です」、という生涯学習政策は、教育を放棄している。高齢者にとって、老後の生き方を「快楽原則」に任せることは、教育上の診断と処方を放置することである。国民の選択だけを重視した、生涯学習政策がいかに愚かであるか、政治家はいまだ分かっていない。

（＊）ポール・トゥルニエ、山村嘉己訳、老いの意味、ヨルダン社、1999年

行かんかな
思いのままに書かんかな
生きた証を歌わんかな

2　マイナスを梃子にプラスを見出す

人間の認識は、比較対照的である。老いのマイナスは、考えよう一つでプラス発想に転じることができる。

失ったものが返らない以上、現にあるもので満足するしかない。老いは諦念と悟りをもたらすのである。「未知との遭遇」と呼んだ老いのマイナス条件も、衰えのすべてが絶望に通じている訳ではない。老いて残された時間がないことは、今ある時間を惜しみ、慈しむことを、われわれに教える。今年の花も、稔りも、愛惜をもって送ることができるのは、恐らく老いゆえのことであろう。慎ましい年金暮らしは、平穏な日常のありがたさを思い出させてくれる。衰えは、注意力を喚起する。健康のありがたさも身にしみる。五感が衰えた分、感謝すべきことが見える。

ひとり暮らしの寂しさは、少なくなった友人や飼い犬にやさしくなれる。老いと死に対する不安は、生きる姿勢いかんで、衰えと戦うエネルギーを生み出す。晩学者は不安を燃焼させて学問に励むのである。「ないもの」は「あるもの」の意味を増幅するのだ。年寄りの書くものにも、若い時に見えなかったものが見えてくるかもしれない。失うことの意義を考えるのは、負け惜しみであるが、それでも人生は考えようなのである。

モンシロチョウになりたいあなた
菜の花畑になりたい私

3　ひとりの効用

最近は、配偶者を亡くした者を「ボツ一」と呼ぶ。嫌な語感の言葉を創り出したもんだ。配偶者が没して、今はひとり、という意味だそうで、離婚一回の「バツ一」をもじっている。しかし、読み方によっては、「没する」のが「一番」とか、「死ぬ」のが「最初」という意味にもなる。若い連中は無神経なもんだ。「老いた」上に、「ひとり」だから、みなそれぞれに頑張って生きている。「老いてひとり」は、「あっぱれひとり」くらいにしてはどうか！

東本願寺が発行した「日めくり法語」には、「人と生まれた哀しみを知らないものは、人と生まれた喜びを知らない」とあった（＊1）。人間の認識は対比的である。置かれた状況の二面を知らなければ成り立たない。「暗い」を知らないのに、「明るい」は認識できない。暑さ、寒さも同じこと、幸と不幸も同じことであろう。だから、法話の言う通り、哀しみを知らないものは、喜びも知り得ない。

そう考えれば「老いてひとり」は、集団と個人、喧噪と孤独、しがらみと自由の両面を知っている。この経験があれば、ひとり暮らしも捨てたものではない。世間には、人間関係に気を使い、しがらみに絡めとられて、自分をすり減らして苦しんでいる人がたくさんいる。

仲間集団に入りたくて入れない者もいれば、なんとかひとりになりたいと思っているものも多い。

年をとった上で、ひとり暮らしができるというだけで、自分を褒めたらいい。独りになっても、マイペースで、前向きに生きているというのは立派なことなのだ。

諸富祥彦氏は、「ひとりを逆手にとれ」と助言している。独りで生きられれば、楽なのに……、と思っている人は多いという。だから、「ひとり」で生きられるようになれば、人生はうまくいくと提案している（＊2）。ひとりの効用である。

ポイントは、「なぜそんなに無理して人間関係を維持しようとするのか」（＊2―p.9）。「ひとりはみじめだ、と思い込むな」（＊2―12）という。問題の背景には、孤独やひとりを否定的に受け取る文化があるのではないか、と諸富氏は指摘する。

その通りだ！「ひとりぼっち」は否定語だ！「ぼっちめし」とか「ボッ一」という言い方もその類いである。

諸富氏は、人間関係で疲れたり、落ち込んだりしている人に、積極的に「ひとりの時間」をつくろうと呼びかけている。

われわれ「老いてひとり」組は、幸か不幸か、ひとりから出発している。ひとり暮らしは他人に気を使う必要はない。自分を律することさえできれば、「ひとり」のメリットを存分に生かすことができる。「ひとりになりたい」と溜め息をついている人を思えば、ひとりも決して捨てたものじゃない！筆者はすでに諸富氏の提案の大部分を実行している。その核心を列挙すると次のようになる。

（１）すでにひとり者になっている身にとって、特別、難しいことではない！断捨離を実行しているので、気の進まない付き合いには「ノー」が言える。

（２）同じく、大事でないことは生活から排除し、大事なことだけに集中している。「老いてひとり」は、シンプル・ライフだ！

（３）思ったことは行動に移している。後期高齢者に残された時間はないからだ。

（４）この人だけは自分を見捨てない、という人がいる。どんなに有り難いことか！

（５）携帯や、ネットに支配されていず、ボランティアや書くことを通して、社会との関わりは持つように務めている。

（６）「読み、書き、体操、ボランティア」のマイペースを維持しようとしている。

（7）花を育て、野菜を作り、花鳥風月ともそれなりに付き合っている。
（8）実行可能な目標を設定し、自己評価を欠かさず、できるだけ自分を褒めて、励ましている。独り者は自分以外に、褒めてくれる人はいない。

（＊1）日めくり法語：一日一遇、東本願寺出版、2011年、p．7
（＊2）諸富祥彦、孤独のちから、海竜社、2006年

冬の日に
離れ鳥がただ一羽
友はないのか寂しくないか

4　この世のものに「さよなら」を言っているか？

死期が近くなれば、この世のものがみな愛しい。別れ難い。未練だと言われようと、命根性が汚いと言われようと、来年の花を見たい。あの人に、もう一度会いたい。会うことはないだろうと思えばますます未練が募る。しかし、自分には、分かっていることだ！　遠からず、「老いた独り者」の人生は終わる。別れは必ずやってくる。

死期を自覚したら、身の回りのものすべてに、さよならを言っておこう。未練も、哀しみも、もはや隠さなくていいだろう。

死ぬ身だからこそ、日常のものがみな麗しい。死を意識することは、悪いことではないのだ。若い時に、死を意識するのは難しいが、年寄りへの贈り物こそが未練の美しさである。

別れ難いものに別れ、美しいこの世を見納め、別れを言って旅立つことができる。「散ればこそ」の「桜」であり、「死ねばこそ」の「有り難き人生」である。

散ればこそいとど桜はめでたけれ　憂き世になにか久しかるべき（紀有恒）

それにしてもよくぞ独り、ここまで生き延びたものである。花だけではない。山も、川も、もう一度見ることができるとは思わなかった。あの人に会えるとは思わなかった。ありがたき「命なりけり」ではないか！

年たけてまた越ゆべしと思ひきや　命なりけり　小夜の中山（西行）

漢詩には、井伏鱒二が「さよならだけが人生だ」と名訳を付した歌がある。本当だ！　さよならだけが人生なのだ!!

この期におよんで、「老いた独り者」に残されたなすべきことは、感謝と愛惜を込めて、共に生きたものにさよならを言うことである。

5　慣れることも、飽きることも、避けなければならない！

脳科学の本には、脳は常に「新奇性」を求めると書いてある。新奇性とは、刺激や好奇心のことを言うのであろう。要するに、心を躍らせ、生き生きと生きるためには、人間は好奇心を持ち続けよ、と言っているのだ。日常生活に埋没して、日々の暮らしが単調になり、慣れることや、飽きることは、脳にとって危険なのである。高齢者にとって最大の危機は「自由の刑」だ。「自由の刑」の核心は「退屈」である。

日々の生き甲斐はもとより、感動もこころ躍りも、高齢者は自分で発明しなければならない。

新奇性こそが脳の活力の源泉であるとすれば、隠居がいかに危険であるかは自明である。刺激がなければ、脳は働かない。使わない脳はやがて使えなくなる。

廃用症候群が、人間一般に当てはまるなら、高齢者には重大な危機を意味する。まして、独り者の高齢者は日常の会話の相手すらいないのだ。退屈は致命的である。よほど意識しなければ、「新奇性」に巡り会うことはできない。

世の中は詰まらなくても、テレビがエンタメに明け暮れていても、書籍の世界にはまだまだ面白いことがたくさんある。退屈から自衛し、飽きることから脱出するためには、読み書きがもっとも手軽で、金もかからない。「老いてひとり」にとって、日々の読み書きは、新奇性の自家発電である。

われわれ人間の欲望はさまざまに矛盾する。「安心」も「前進」も同時に求める。にもかかわらず、楽隠居の発想は、「安心」を優先する。世の中から必要とされなくなるから、止むを得ず「前進」を諦め、「安心」に逃げ込むのではないのか？　日常の安穏と安心で脳科学者の言う新奇性は満足させられまい。子どものころは、毎日が「探検」であった。ささやかなことも発見であった。

高齢者が「新奇性」に出合うためには、勉強とボランティアしかない。いつまで新奇性を追い続けられるか、独り者の高齢者も、脳科学に問われているのである。

午前5時三日月冴えて
ゴミ出しの
男やもめに歌涌きいずる

6 気の合う者だけと付き合うのは、差別の始まりだが……

気が合うというのは、友人の第1条件である。老いて、なお、気が合うというのはさらに重要である。「老いたひとり」に友人がいることは、実に幸福なことだが、そういう幸福は滅多に回ってこない。だから、書物は、年寄りに「外へ出なさい」という。孤立を避けるためにも、「人付き合いは大事だ」という。

しかし、年老いてまで、無理をして人付き合いのために自分を曲げることはない。嫌な人と付き合うために気を使うのは、最大のストレスになるからだ。幸か、不幸か、「老いてひとり」のわれわれに配偶者はいない。配偶者だけには、結婚の責任がある。礼儀の上でも、存分に気を使うべきであろう。しかし、後のことは、残された者の自由でよかろう。われわれ夫婦はそう決めていた。

人間の好き嫌いはどうにもならない。うっかり書くと「差別」を認めるようで注意が必要だが、気が合うか合わないかは、相性である。相性とは、「虫が好く」か、どうかの問題である。

友を選ぶのも、もちろん恋人を選ぶのも、自然に備わった本性のようなものである。友以外の人びとを、いじめたり、貶めたりしないかぎり、本性は許してもらわねばならない。「なぜか気が合うて離れられぬ」と軍歌にもある。「相性」の理由は説明が難しいのだ。

老いてなお、人間の好き嫌いの分類を止めないことが、正しいかどうかは分からないが、分類の結果、友や恋人がいることは無常の幸福である。気の合う者同士なら、愚痴も不満も言える。多少の気まぐれやわがままも許してくれる。老いてなお、ぼやくことのできる仲間がいることは、ただただありがたい。他者に不利益を与えない限り、友の差別化は差別ではない、と思いたい。

オレは未だ老人じゃないと
言い聞かせ言い聞かせつつ
老いを生きてる

7　断捨離は己自身にも向ける

老いてひとりになった高齢者はいつ死ぬか分らない！　それでも今日の充実

は欲しい。生きているということはそういうことだ。災害に遭おうとも、事故に遭おうとも、前向きに生きるとは、今を充実させようとして生きることである。

ところが、人間の欲求はしばしば矛盾する。煩悩が百八つもあるというのだから、欲求の衝突は避け難い。目の前の快楽にうつつを抜かせば、やっておきたいことを果たす時間がなくなる。「よく遊び、よく学べ」の両立は、後期高齢者には難しい。なかんずく、老いた独り者には、時間も、エネルギーも、事務能力も、限られている。矛盾する欲求に振り回されれば、最後の目標は自己分裂する。

つまるところ、人生の最後をどう生きたいのか、生きる姿勢とやりたいことをハッキリさせなければ、欲求の衝突は回避できない。高齢者は、自分の胸に聞いて、欲求を整理し、「最後にやっておきたいこと」と、「やらなくてもいいこと」を整理し、自らの断捨離を実行しなければならない。

思うことの全部はできない。すでに、複数のことを同時にすることもできない。
　だから、最後に何をしたいのか、決めなければならない。人生の優先順位を守れれば、少なくとも、迷うことがなくなる。明日死ぬとして、今日は何をするのか？　時々、自らにそういう問いを発しなければならない。

外は雪
身をよじりたる竹笹に
おのれを重ね書読む夕べ

第6章「終活」の原則

1 年をとっても、衰えても、駄目なものは駄目だ

新著で「不登校」と「ひきこもり」の問題を取り上げ、「ひきこもりの高齢化は、明らかに家族や専門家の『分析』・『対応』・『治療』が間違っていた証拠である」と書き、「多くの相談事業は無力である」と、理由を列挙して批判した。研究会の発表に当たり、一緒に仕事をしている行政から、原稿の文言を直せという要請がきた。相談事業を厳しく批判したので、関係者に配慮したものであろう。

「オレは間違ったことは言っていない」、「公開の討論の場があるのだから、議論はそこで尽くす」。「責任は筆者が持つ」と言ったが、若い職員がわざわざ自宅まで要請の趣旨を説明にくるという。きっと誰かに「お前行ってこい」と言

われたのだろう。若い職員もさぞ辛いだろう、と配慮して、しぶしぶ要請に応じた。

短文にまとめた発表原案を箇条書きに落として、相談事業への批判を柔らかくした。妥協したのである。大いなる間違いだった。

発表を終えて、参会者の感想のメッセージを見たら、筆者の意図が十分に伝わっていないことに気付いた。

箇条書きの要旨を基に、わずか30分の口頭発表では意を尽くし得なかったのである。行政の内情に配慮して、せっかく準備した説明文を削ったことが裏目に出た。

研究の成果の発表に妥協して、オレも耄碌したか、と自分を責めた!! 確かに発表の機会は行政に負うところは大きいが、駄目なものは駄目なのだ。

だから、別の発表機会の時、再び文言の修正要求がきたが、それには応じなかった。「気に入らないところがあるなら、その部分を黒塗りにして出してください」と突っぱねた。「黒塗り書類は行政がよくやることではないか」、とも言った。筆者を支持してくれた人が数人いた。それだけでも果報なことである。

年をとっても、衰えても、生き方や研究の原則は変えてはだめだ。自分を貶めれば、生きる気力を失う。何のための研究なのか、最後に結論を曲げるくらいなら、大もとの研究の目的と意義を失う。年をとっても、衰えても、駄目なものは駄目なのだ。譲ってはならないものは、譲ってはならないのだ。

年をとって、活躍の舞台が遠のくと、しみじみ社会の舞台が欲しいと思うようになる。そこで、油断すると「妥協」とか「忖度」という落とし穴に落ちる。焼きが回って、権力や世間に変に気を回す。若い世代や時流にへつらったら、生き方の原則は全うできない。駄目なものは駄目と言えなくなったら、老後の暮らしが卑屈になる。今回の行政の注文は、いい教訓になった。たとえ田舎の晩学者で終わろうとも、御用学者にはならない。

熱い身体で温める私はアンタの港だと

声張り上げて
歌う人あり

2 耐えがたいと思うなら、避ける努力をしなければならない

わが叔母は、もの静かでやさしい働き者であった。その叔母が90歳を過ぎて、ボケ始めた。物忘れがひどくなり、現実と思い出の区別がつかない。たった1年ちょっと会わなかっただけで、筆者のことも、とぎれとぎれにしか思い出せない。

病気の叔父やボケた叔母の介護の打ち合わせに、役所の担当者と会議を持った時、席上、突然、叔母の目が据わって荒い口調でものを言い始めた。過去に一度も聞いたことのない私を責める口調であった。かつて一度も、声を荒げたことのない叔母であった。悲しいことだが、介護の認定をお願いし、成年後見

制度による人選も担当者にお願いした。

社会から切れれば、目の前の任務はなくなる。役割も義務もなくなれば、日々の計画性も消える。かくしてひとり暮らしは「その日暮らし」に転落していく。だから、刺激はなくなり、教育的訓練を受けていなければ、自分で「負荷」をかけることはない。頭も、身体も、気も、使わなくなる。使わない機能は「廃用症候群」を引き起し、老衰が進み、なによりボケが急激に進行する。司令塔を失えば、健康寿命への配慮も途絶える。自分のことが自分でできず、行きたいところへ自分で行けないのは辛い。介護の世話になれば、判断も、決定もできなくなる。考えるだけで身がすくむ。

アルツハイマーや血管性認知症であれば、今のところ仕方がない。しかし、ボケは病気ではない。脳の働きが衰えただけである。認知症と一緒にするな！　足腰が弱るのと基本は変わらない。「使っていないから、使えなくなったのである」。歩かない人が足腰が弱くなったとしても、「足腰症」とはいわないだろう。ボケは、使い方の足りない頭の働きが弱っただけである。のんびり暮らせば必ずそうなる。隠居文化は、「のんびり」を推奨している。老いてわが身の「ボケ」を曝すのが耐えがたいと思うなら、避ける努力をしなければならない。隠居文化と戦うとは、老いても、読み、書き、自己教育を続けることである。教育は高齢者の必須条件である。

つつましく
独り夕餉の膳に向かい
ごちそうさまは聞く人もなく

3 老いとは、帰らぬものへの郷愁—短歌との再会

年寄りの「いずれ、またね！」は、実現しない可能性が高い。老いが戦場だ

とすれば、正しくあらゆる邂逅は一期一会の宿命につながる。再び会えぬと思えば、風景や出会いへの未練が深まる。来年の花に逢えるか、と思って生きるのは切ない。

未練は執着。帰らぬものへの郷愁。二度と巡ってこない甘美なひと時を失いたくないと思えば、愛惜は痛切である。愛惜を書き留めていたら、老いの日常は、少年の日に習った詩歌に還ることになった。教育は時差をともなって筆者に恩恵を運んできた。

短歌は日常の感慨を切り取る。筆者は、日々短歌を綴ることによって、ようやく日常と向き合い、死と向かい合うことを学んだ。

死は人生の終わりだから、折々の風景との別れになる。時間が止まらず、時間が戻らないという事実は、若者も同じなのだが、若者には未だ未来がある。少なくとも「春秋に富む」と思うことはできる。

一方、年寄りの未来は短い。すでに、青春、朱夏、白秋が過ぎて、もはや玄冬である。ゆえに、うっかり過ごした時間は取り返しがつかない。取り返しのつかぬ時間への年寄りの感慨はひとしおである。一度さよならを言えば、彼の人と二度と会えない可能性は高い。再会の機会がないと思って分かれれば、人も風景も、別れの感慨はひとしおである。だから、ひとしおの思いを歌にする。

先人の詩歌を読み、自身が短歌を詠むようになって日常の見方が変わった。細部に目がいき、何気ないことに意味を求めるようになった。いつの間にか、社会から忘れられたことを忘れさせてくれる。

送った短歌に返事がくるとさらに見方が変わっていく。相手と気持ちが通じれば、時に、相聞の歌になる。命ははかない。思う人がいれば、この世はますます去りがたい。

まだ、若い子どもたちには分らないだろうが、いずれ分かる日もくる。それを思って、父は辞世の詩歌を綴るのである。

青空に

サイレン遠くこだまして
哀れ、正月も誰か死ぬらむ

4　年寄りに「社会的承認」は要らないのか!?

社会に必要とされなくなって、年寄りはついに日常に回帰するしかない。どうしたら、これまで己を支えてきた「社会的承認」の代わりに「日常の幸せ」を発見できるのか！

幸福でさえあれば、どちらでもいいのだが、社会に「認められること」を喜びとしてきた身に、社会から離れた日常の花鳥風月だけで生きることはそう容易なことではない。

どんな職業で生きたとしても、年を重ねるに連れて、社会から必要とされる度合いは減っていく。自分はまだまだやれると思っている分、なぜ出番がこないのかと辛い。

子ども時代以来、家族や社会の需要に応えることで褒められ、認められてきた。老いてひとりは、両方の需要を失う。需要がないのなら、創ればいいというのが経済学の原理だから、田舎の年寄りも、晩学に精進し、細々と書いている。しかし、年寄りは、「がんばっていますね！」と言われるだけで、世の中の需要はめったに発掘できない。年寄りの頑張りは、年寄りの冷や水だというのが隠居文化である。

だんだん世の中から取り残され、相手にされなくなって、初めて、「オレもここまでか」と観念する。渋々ながら自分を見切る。ジタバタしても、声がからない以上、己の欲求不満をなだめながら、花は咲いたか、トマトは赤くなったか、というような平凡な日常に回帰せざるを得ない。

その平凡こそが人生を創り、平凡な日常の中に永遠があるという人がいるが、世界を駆け回ったことを憶えているので、なかなかその境地に至れない。

死に直面すれば、平凡であろうとなかろうと、日々の暮らしを愛おしく思うのだろうが、健康である限り、人間は死を実感できない。自然災害や不慮の事故を思えば、日常の平安だけでどれほど幸福であるかはすぐ分かる。しかし、大方の日常は、災害も事故も忘れて、自分には関係ない、と思っている。平和で、健康な日常にいて、非常時を想定して生きることは、凡人にはできない。贅沢なことだが、この退屈で、何処からも必要とされない日々に向き合い、果たして、自分は幸福なのか、と反芻する。

老いてひとりは、結論の出ないまま、日常の平安に落ち込んでいく。現役時代に頑張った男たちが、世間に背を向けてひきこもるのは、「無用人」に落ちた怒りのゆえである。年寄りに「社会的承認」は要らないと誰が決めたのか!!？　どうしたら年寄りは、やることのない日常に幸福を見つけられるのか？　老いてひとりは、平凡に満足を見出す修行が要るのである。

友が置き行くシクラメン
盲いた目にも紅滲みる

5　経営学に学ぶ人生の教訓
――格好わるい年寄りになるな

年をとった今も、残された時間で何かを為そうとあがいている。あがいてはいるが、何度もくじけそうになる。体力も、気力も日に日に衰える中で、何ができるかと思案を繰り返す。老衰に流されて、漫然と死を迎えるのは恥ずかしい。平然と死を受け入れ、満足して人生を終えることは達人のすることで、到底、筆者に真似のできることではない。老いの日々を満たそうとして、くる日もくる日もさまざまな人生の処世訓を読む。

たまたま見つけた経営学の参考書を読んで、共感するところが多かったことにいまさらながら驚く。どの分野でも正しい教訓は、老若男女に関係なく、人生全体の教訓に通じている。分野に関わらず、「極意」は極意であるということだろう！

(1)「あれもこれもやると何一つ達成できない」（＊p. 40）

年をとってからも、何かを達成しようと思うならば、目的に集中しなければならない。「断捨離」の必要は、高齢者も経営も同じである。ビジネスは「集中と選択」と言う。高齢者の暮らしも同じである。筆者の暮らしでも、何かを始めたらそれに集中しないと何も達成できない。高齢者は、時間もエネルギーも足りない。「集中と選択」は不可欠である。筆者もいろいろ工夫するが、心身の活力が下降している高齢者にとって、気晴らしと作業の組み合わせ、多頻度休憩と一点集中の組み合わせは、一番難しい。

(2)「ギリギリまで考える」と「ギリギリになって考える」は違う（＊p. 12）。

経営学は、筆者の痛いところをついている。若い頃に身に付いた一夜漬けの習慣は、今になってもギリギリまで追い込まれたところで結論を出すのがならいになっている。切羽詰まれば、「火事場力」が出るんだ、と自分に言い聞かせる。事前の検討、事後の検証が大事なことはよく分かっているが、分かっていても、実行は難しい。

社長よ、「やって後悔する」より「やらなくて後悔するな」という助言があった。ギリギリまで実行をためらって、多くをやらずに見送っているわが身への警告である。「後悔先に立たず」、「先手必勝」も分かっているが……できずにぐずぐずしている。

(3)「新しいこと」をするより「違ったこと」をしろ

仕事の途中で、長いスランプや精神の固定化に陥ったとき、アメリカの成人教育学は「やったことのないことをしなさい」と言う。「やったことのないこと」は、日常の衣食住から始めることができる。家を変えることは簡単ではないが、旅に出ることはそれほど難しくはない。

マンネリとは、慣れ・親しんだことにこだわるところから起きる。だから、古い思考の殻から抜けるには、これまでやったことのないことをやることが効果的である、と言う。筆者もピンクのシャツを着たり、赤いネクタイを締めたり、新しいレストランを探したり、これまでの自分では考えたこともないことに挑戦してみた。確かに気分は新しくなる。そしてこの新しいことも、繰り返せば、再び慣れてしまってマンネリ化する。人間の適応性の不思議である。今では赤いネクタイに「抵抗感」はない。

「新しいこと」と「違ったこと」は重なるところも多いはずだが、前者を見つけるには、時間とエネルギーと才能が必要である。後者は目先のことを変えるだけだから、相対的に簡単である。外国旅行は大変だが、近隣の旅ならあまり苦にならない。時間も金も少なくて済む。経営論を読みながら、人生の教訓を学ぶというのも、「新しいこと」より「違ったこと」を探していることに外ならない。

似たような教訓に「独創性」より、「上手に真似ができるようになれ」というのもあった（＊p．44）。早速、隣の農家を真似て、トマトと茄子を庭に植えてみる。苗木の世話をするうちに気分が大いに変わった。「平凡な経営者ほどできる時にやらない」というのも辛い教訓である（＊p．128）。オレのことを言っていると痛感した。

早速、日常の果たすべき課題を書いて出入りのドアに張り出す。現状から抜け出そうと思ったら、すぐやらなければだめだ、ということである。悩んだり、ぼやいたりしている時間が長い筆者には耳の痛い助言である。

(4)「人には嫌われてもいい」、しかし、「がっかりさせるな」（＊p.71）

がっかりさせる条件はいくつかある。上司と部下の関係も、友人・知人の関係も同じことだと思うが、筆者は「自分をがっかりさせるな」という意味に読んだ。

第1は、「決められないこと」だとある。グズはだめなのだ。第2は、「安きに流れること」、すなわち、困難な決断を逃げて、楽な方を選ぶようでは部下の信頼は得られないと言う。友人も同じである。自分にもがっかりする。

第3は、「長いものに巻かれる態度」は格好悪い。自分の論文発表で行政の「要請」に従ったことには、忸怩たるものがある。「寄らば大樹の陰」も同じことだ。楽な方を選ぶというのは、時に「流される」ということであり、時に「自分がない」ということだ。第4は、虫の居所が悪くても、声を荒げるな、とあった。これも耳に痛い。短気は損気と分かっているが……。苦しい時に感情的になり、犬に八つ当たりしたり、他者に怒鳴ったりしたことはある。やっぱり老いぼれたか、と爺さんは周りをがっかりさせる。まさしく用心！　用心！　である。

（＊）鈴木信行、敗者の錯覚、日経ＢＰマーケティング、２０１１年

老いて今
哀しみ多く知る故に
そはそれなりに美しきかな

6 「ひとり暮らし」の精神と気の原理

(1) やったことのないことをやる―規則正しい生活が良いとは限らない

年をとって、仕事でも、生活でも、いろいろなことを経験してくると、何となく人生が分かったような気になる。ところが、たった一つの不満な出来事やわずかな体調不良で、日常が音立てて崩れる。まことにあっけない。要するに、分かったつもりの人生で、何も分かっていなかったということだ！

高齢者の一番の危険は、生活が単調な繰り返しになることである。単調に流れ、同じことを繰り返すようになれば、日々の新鮮さが失われる。当然、日常に「飽きる」。毎日が退屈で、詰まらなくなるのはそのためだ。脳生理学は、「退屈」は脳からの危険信号であるという（＊）。

退屈は精神をだれさせる。筆者にとって、退屈は「退屈病」とでも呼ぶべき大敵である。筆者は、「小人閑居して不善を為す」類いの弱い人間なので、退屈に流されたら、日常のリズムもルールも崩壊する。

日常の具体的な目標を見失って、テレビなどに逃げると、怠惰が怠惰を呼んで事態はますます悪くなる。退屈は「脳が働いていない」という証拠で、「脳がもっと刺激が欲しい」といっている状態だと脳科学は言う。「退屈を感じるのは、脳が正常に反応している証拠」なのだそうだ。

医者から規則正しい生活がいいのだなどといわれれば、ますます変化がなくなる。多くの高齢者が身体だけ健康で、司令塔の頭がボケていくのは単調な生活リズムの暮らしを繰り返しているからではないか？

（＊）茂木健一郎、アウエー脳を磨け、廣済堂出版、２０１１年、p．64～66

⑵　退屈は危険信号

本人は、人生に慣れたつもりでも、あるいは規則正しい生活をしているつもりでも、高齢者の実態は生活が単調になっているだけのことが多い。もちろん、「退屈」は危険信号だから、「退屈」を感じることは重要である。脳科学のいう通り、繰り返しの日々に退屈を感じなくなる方がよほど危険なのだ。成人教育学では「精神の固定化」と呼ぶ。前掲の通り、精神が固定化すると、昔やったようにしか考えられず、昔やったようにしかやれなくなる。

自分の暮らしを振り返っても、反復練習の時間が長い分、意識的に変化を導入しないと、あらゆるものが単調に流れる。先ず、外出が減る。同じ食べ物を繰り返し食べるようになる。違った人々との交流も滅多にやらなくなる！　旅も億劫になっているので、知らない土地へ行くこともなくなる。衣服は同じものを反復して着続けていないか？　趣味に新しいものを加えたか？　同じテレビ番組ばかり見ていないか？

自問自答の結果にわれわれながら驚くが、これらは全部自分に当てはまる。松下幸之助氏は、人間の「変化性」は努力に反応すると言っている。目標を持って動けば、心は変化するということである（＊１）。

興味や好奇心を失ったわけではないが、興味や好奇心が湧くようなことを何もしなくなっている。勝間和代さんの本には、「へんか力」が必要であると書いてあった。変化とは、１つずつ、少しずつ、現在の自分を新しい自分に移行していくことだという。移行するとは、自分の行動を「加減し・方向転換する」ことだそうだ（＊２）。固定していた精神は行動を変えることで、固定のタガが弛む。行動の増減がこれまでの発想や感情を揺らす、と言う！　ペックの言う「やったことのないことをする」と同じで、「新しい自分の模索」である。「新しい自分」がこれまでの自分」より「いいかどうか」、「より価値があるかどうか」は分からないが、とりあえず、「昔やったようにしかやれない自分」から抜けてみようという試みである。人間は状況に適応して進化し、「新しいもの」は「善」であるという信仰を前提としてきた。それゆえ、自分を変えるためには、意識して、やったことのないことを敢えてやってみようというわけである。

勝間氏によると「へんか力」のためには、「変化をしないことが最大のリスク」であることを自覚する。ゆえに、「自分の時間の3割を、常に変化に注ぐ習慣をつける」、そのためには「変化を協力し合える仲間を作る」ことが重要だと言う。一度成功したとしても、同じことを繰り返していると二番煎じになるので、これを「成功は復讐する」と呼ぶそうである。

先日、突然のことながら、小生の著書を読んでくださった方から会いたいというお手紙をいただいた。一瞬、億劫でお会いしたくないと思ったが、「へんか力」の助言を思い出した。勇気を出してお会いしてみようと、思い直している。

（＊1）松下幸之助、道は無限にある、PHP、2008年、p.108
（＊2）勝間和代、やればできる、ダイヤモンド社、2009年、p.149

年ごとに
メロンをくれし彼の人も
ついに一人の冬ごもりかな

7　目標と戦略——衰えてもなお生き抜けるか？

⑴　技術には老若男女の区別がない

現役時代の日常と退職後の日常は天と地ほども違う。それゆえ、高齢者のひとり暮らしは、若い人のひとり暮らしとはいろいろ異なるだろうと思っていた。ところが、いろいろ参考書を読んでいるうちに、老若男女とも、己を律する基本は変わらないということが分かってきた。

もちろん、年寄りは、心身の機能が衰えた分だけ、体調や生活事務の停滞に翻弄されざるを得ない。リズムが狂うと気持ちも波立ち、不安を分け合う戦友が身近にいないので、まことに心細い。何でこんなに精神が脆いのか、と自分を責めることになる。

最近、何回かの失敗を経て、ようやく分かりかけた原則は、目標水準が高すぎると挫折する、ということである。目標水準を下げると楽になる。当然のことながら、若い時のようにはやれない。にもかかわらず、若い時のような目標を掲げていれば、息が切れる。また、高齢者には、現実社会の評価が少ないので、自己評価で自分を叱咤激励するしかない。それゆえ、日めくりカレンダーのように、日々、具体的に数値化できる目標を持つことが肝要である。

筆者が、従来掲げてきたような「がんばるぞ」というだけの理念的・抽象的な目標では日々を律する力にならない。高齢者の挫折は、自分がだめなわけでも、意志薄弱なだけでもないこと、が分かった。

人間の気持ちには波があり、特に、他律がなく、外からの刺激も少ない高齢者の波は浮き沈みが激しい。日々、確認できる具体的目標の重要性を教えてくれたのは、老年学ではなく、ビジネス書だった。女性起業家の江村林香氏は、『何をしたい』と同じくらい大事な『いつまでにしたい』と喝破している（＊1）。そうなのだ！　目標に近づけないのは、意志の問題ではなく、目標設定技術の問題でもあるのだ。ものは試しと、自分に応用して、その有効性を試してみた。

日々「張り」を持って生きることは、高齢者の健康と幸福の条件である。暮らしを律し、己を律する技術は年齢に関係ないとすれば、高齢者の日常も再検討が必要である。

アメリカのサフトラス氏が提案している目標設定の方法（＊2）は大変示唆に富んだもので、高齢者のひとり暮らしにも大いに役立つ。以下は、サフトラスの提案にしたがって、筆者自身が試した方法である。

（＊1）江村林香、先ずは小さな世界で一番になる、かんき出版、2006年、p.156

（＊2）ゼブ・サフトラス、弓場　隆訳、やり遂げる人の法則、(株)ディスカバートゥエンティワン、2005年、

(2)目標設定の方法

目標が、具体的、簡明でないと努力は長続きしない。「具体性」は、先のない高齢者にとって不可欠な原則である。筆者は、受験生の頃から、部屋中に好きな標語を貼り出して、自分を叱咤してきた。「やり抜く」、「くじけない」など、大多数は理念的で抽象的な文言であった。生活に気合いが入っている時は、これはこれで有効だが、気が抜けると、言葉は輝きを失う。標語はただの張り紙になる。理念的な標語ばかりを貼り出していたということは、具体的な目標に分解できていなかったということである。

近年の私が貼り出した標語は、例えば、「感謝を忘れず」とか、「為すべきことを為さざれば、必ず悔いあり」とか、「もの言えぬものたちへの慈悲を忘れず」とか、「明日死ぬ気で生きたなら、今日の重さが変わるだろ」などだ。暮らしの緊張感が崩れない限りは、理念的標語も生きる方向を指し示して有効だが、スランプに陥ると、字面を読んでいるだけになる。「激励力」が薄れ、有効性を失う。

考えてみれば、理由は簡単である。今日、ひと日、何を、どこまでやるかを示していないからだ。行動目標が具体的でなければ、自己チェックはできない。計画倒れにしないためには、企業人のいうＰＤＣＡ（Plan-Do-Check-Action）を実行できなければならない。

もちろん、筆者も、具体性の欠如に気付いて、「3月までに原稿を書き上げる」と墨書して、手洗いのドアに貼ったりした。しかし、これでは、中期的な「締め切り」を示しても、今日「何をどこまで」やるかについては示していない。それゆえ、気持ちが落ち込んだ時は、「見れども見えず」の張り紙になる。中期目標でも日常を律することはできない。

「今日は一休みするか」とか、「3月までに仕上げればいいのだろう」とか、開き直っている自分をしばしば経験した。

そういう時に限って、島崎藤村の「千曲川旅情の歌」などを思い出す。「昨日またかくてありけり、今日もまたかくてありなむこの命、何をあくせく明日をのみ思いわずらう」。「まあ、いいか」、ということになる。

しかし、「為すべきを為さざれば、必ず悔いあり」は人生の必然である。掲げた目標に近づけなければ、愚痴になったり、ストレスになったりする。もちろん仕事が前に進まないので落ち込んで、辛い時間を過ごすことにもなる。ストレスは心身症に直結しているので、寝不足に陥ったり、食欲を失ったり、健康上の問題も発生する。高齢者は己の精神の波をコントロールしなければ、不満と無気力の悪循環に陥る。「張り」のない日常に疲れ果てるのである。気持ちの「張り」は、目標達成に直結している。具体的で、達成可能な目標の設定こそがカギになるのである。

(3) 言い訳も愚痴も不幸を招く

目標を達成するという「張り」を失った日々が続くと、気持ちの浮き沈みが激しくなる。自分の怠惰と意志薄弱を責めるようにもなる。

達成感のない日々は、停滞に翻弄され、言い訳や愚痴に流れる。愚痴の多い高齢者は間違いなく不幸である。前向きに生きようとする者にとって、無為の日々は、苦しいだけで、時間が無駄に流れる。同時に、不甲斐ない自分を責める辛い日常に耐えなければならない。スランプが長く続き、立ち直りが遅いのも「浮き沈み」の副作用に違いない。現役と違って、ひとり暮らしの高齢者には外からの規律はない。

だから、目標が、「具体的」で、しかも日々「達成可能であること」が一層大事なのである。

筆者ももちろん、達成は重視していたが、「３月までに仕上げる」と言うだけでは、３月がくるまでの気持ちの波に翻弄されてしまう。「３月」では、「今日どこまでやるか」という直近の達成目標を意味していない。中期目標では、数カ月の猶予期間を示す中途半端な「方向目標」に終わっていたということである。サフトラスは、「明日までに何を、どこまでするか」を示すべきであると言う。

心身が衰え始め、先のない高齢者にとっては正しくその通りである！ 年寄りには後がない。すでに「したこと」は悔やまず、「しなかったこと」を後悔する姿勢が大事である、という指摘もある。今日は残りの人生の最初の一日なのだ！（＊）。

（＊）ロビン・シーガー、小川敏子訳、今日は残りの人生の最初の日、サンマーク出版、２００５年、p. 164

(4) 目標の具体性とは、「客観性」と「測定可能性」と「期限付き」

サフトラスは、「客観的に測定できる」こと、「締め切りを想定して期限付きにする」ことが大事だと言っている。

日常のスケジュール管理を命じられるのは、高齢者が現役の仕事人間に戻るような気分だが、正しくそうなのである。目標管理技術と年齢は関係ないのだ。

人間が機械のようになれることはないが、日々を律し、己を律する具体的な目標を持つことが大事な視点であることは自分で試してみて実感した。人生を充実させる方法に、老いと若きの違いはなく、現役か退職者かの違いもない。

目標を持たなければ、「張り」も「充実感」もない。その目標を達成できなければ、「挫折」と「倦怠」がやってくる。だから、目標は、具体的で、毎日のものでなければならない。「毎日」ならば、「客観性」と「測定可能性」を保つことができる。自己評価も可能になる。筆者は、本書の執筆に際して、「一日10頁以上の参考書を読み」、「一日1頁の感想を書く」という目標を設定して、手洗いのドアに貼った。10頁でいいのならなら読める！　1頁でいいのなら書ける。

一日の終わりには、カレンダーに達成の丸印を入れていくのである。〇印が増えていくのは大いに励みになった。今回は長期のスランプに落ち込むことも、体調を崩すこともなかった。毎日の目標管理を怠らなかったお陰であり、サフトラスの助言の効果である。

(5) 欲張るな！　矛盾する目標は追えない

サフトラスは、「矛盾する目標を掲げるな」と言っている。

高齢者は、体力面でも、仕事のスピードでも、現役時代のようにはできない。「矛盾する目標」とは、「両立しない目標」という意味であろうが、高齢者にとっては一つ以上の目標という意味になる。欲張って複数の目標を掲げても、「二兎は追えない」。エネルギーもスピードも若い頃とは違う。

だから高齢者には、何よりも、「選択と集中」が不可欠である。そのためには老後の「優先順位」を決めなければならない。残された時間は少ない！「断捨離」が不可欠になる。要するに自分にとって最重要なもの以外は思いきって捨てなければならない。あれもこれもやりたいのは山々だが、一つを選べば、他は潔く捨てなければならない。経済学は、これを「機会費用（Opportunity Cost)」と言う。大事な機会を逃がさないためには、他の多くの機会を捨てなければならない。外からの依頼やお誘いに「ノー」と言わなければならず、不義理をする不快にも耐えなければならない。

それでなくても高齢者は、持続と集中のエネルギーが不足しがちだからである。机の上ではどんな夢でも描くことができるが、大言壮語の「目標倒れ」はストレスの原因になり、みっともないことだ。自分に許された条件を吟味して、複数の達成目標を掲げる時には重々注意することが肝要なのである。

(6) 自分を励ます「積極語」を使え！

標語や目標は「否定語」で書くな、「積極語」で書けという。「太らないように」ではなく、「10キロやせよう」と書くべきだという。「反省」してないで、「目標」に挑め、ということである。

また、どんな目標も小さな目標が集まってできているので、大目標は中目標に、中目標は小目標に分解して書きなさいともいう。ビジネスの計画論と同じである。

目標は「生き甲斐」や「やり甲斐」に直結している。目標を持って生きるか、否かは人生を変え、充実感をもたらす。しかも、目標は達成して初めて目標の意味が生じる。司法試験の受験生を指導してきた伊藤氏によると、成功者の唯一、共通の条件は、「一点集中力」であり、それがまた人間に幸福をもたらす、という（＊）。

振り返って筆者には、一点集中する力がなかったとつくづく思うが、まあ、この年になっては仕方がない！

「人間は心の持ち方を変えることによって人生を変えることができる、それが現代の最大の発見だ」（ウイリアム・ジェームズ）だそうだ。「心の持ち方」とは、「目標の持ち方」に他ならない。「老いてひとり」を支えるのは、日々の目標なのである。

（＊）伊藤　真、一点集中力、サンマーク出版、２００８年。p．151

ひ弱なる子どもにしては
上出来の
後期高齢冬を生き抜く

8　子も孫も元気で遠くにいれば良い

(1)　親の誇り、親の自立

病いの床に伏した明治の歌人に次のような歌がある。「父君よ今朝は如何にと手をつきて問う子を見れば死なれざりけり」(落合直文)。

この歌のような時代は終わった。それでも、高齢者の誇りは、親として無事に子どもを育て上げたことである。上を見ればキリがなかろうが、飯も食わせ、学校も出した。彼らが育った後の人生は彼ら自身の責任である。

思いがけず、われわれは超高齢社会に生きる身となった。子どもの自立はもちろんだが、親もまた、老後を自立しなければならない。自立の要件はいろいろあるが、先ずは、子や孫からの自立である。自立とは、「寄りかからない」ことであり、反対に、「寄りかからせることもしない」ということである。これができれば、自分を褒めたらいい。育てる務めも果たした。老後の自身も律している。寂しいことは仕方ないが、子どもに寄りかかって生きようとはしていない。あっぱれではないか！　家族の中で孤立していることほど辛い孤独はない、と言った三世代同居の人にお会いしたことがある。一人の孤独より、身内だと思っている人々の中の孤立は辛い。若い家族に寄りかかるから、そううめにあうのである。たまに会う場合ですら、若い世代の会話に入れず、「おいてきぼり」になった経験は筆者にもある。

「主体性」や「自分流」を主張するのであれば、子どもに寄りかからない人生こそが、己の自立を検分する舞台である。

自身の若かった頃を思えば、親孝行も祖父母孝行も教えられた義務であった。子としての役割は、愛情の前に義務であった。愛情がなかったわけでは決してないが、目の前の仕事や人間関係の方が重要であった。仕事が第１、親は第２であった。親を後回しにすることは、どこかで「後ろめたかった」が、目の前のことが生活も、未来も支えていたのである。

ましてや、今の若い人々は、国をあげて、自尊感情だ、自己肯定だと、自分中心に育てられた世代である。ある意味で、自己中が正当化された時代の子どもなのである。

彼らにとっては、われわれ世代以上に、「親孝行したい時には親はなし」なのである。「親孝行したくないのに、親が生き」という川柳まであることを多くの高齢者はまだ知らない。

(2) 核家族は、主体性の時代の結論

主体性を重視すれば、「核家族化」は止められない。親の側から見れば、子どもの家族と離れた老後を、孤独と戦って生きる時代になったのである。「ばばぬき」は嫁が主張し、息子は嫁に引きずられる。「年寄りは臭い」などという孫を育てたのも若い親である。親が大事にされている時代劇が流行るのは、

親が大事にされない時代だからである。

家族の絆を過信した親は、年をとり、ひとりになって、孤立と孤独を思い知る。相手にしてくれる周りがいなくなり、ようやく今はなき親の老境に思いを馳せるようになる。

子や孫も、かつてのわれわれと同じ事情であろう。父母・祖父母に対する愛情がないわけではないだろうが、われわれがそうであったように、自分たちの日常が大事で、目の前のことが忙しすぎるのである。

筆者もそうであった。便りがない以上、遠い父母も元気でいるに違いない。若かった頃は、そうした状況が永遠に続くような気がした。だからいつでも、時間ができたら訪ねることができる、と思っていた。しかし、仕事や人間関係で自分の世界ができ上がってしまえば、父母に何ごとかが起こらない限り、訪ねて行く時間は滅多につくらない。

成人した子どもが可愛かったら、今からでも遅くはない。「子ども孝行」を始めればいい。インターネットやスカイプの時代である。週に一度の「無事の便り」が、無縁社会・自己中社会の親子を繋ぐよすがになる。寄りかかることはしないにしても、苦労して育てた子どもと疎遠になって暮らす老後は寂しすぎる。

もちろん、現役は、老親に付きまとわれることも、寄りかかられることも嫌う。だから、「亭主元気で留守が良い」と同じように、「父母は元気で遠くがいい」のである。それでなければ「核家族」の居住形態がこれほど急速に普及するはずはない。核家族化は、「主体性」を主張した時代の結論なのである。

自立していない高齢者は、子どもの重荷になるのである。老健施設に放り込んで、親の葬式まで施設に依頼する子どもは増え続けている。関係者は誰でも知っていることだ。

反対に、現代の「親ばか」は自立できない若者を抱え込んで、パラサイトシングルの「すねかじり」に苦しむ。親が亡くなれば、自立を学ばなかった彼らも苦しむ。社会も彼らを食わせなければならないので、大いにはた迷惑である。彼らを育てたのは親自身で、自業自得と言わざるを得ないが、自立していない子どもを置いて、先に死ぬことは、さぞ歯がゆいことだろう！

(3) 自立した高齢者の郷愁とやせ我慢

「家制度」の価値が崩壊し、家族を繋ぐものが「愛」だけになれば、自己中の家族の人間関係は当然薄くなり、時に、崩壊していく。家族や親を切なく歌う演歌の大部分は、失われたものへの郷愁にすぎない。郷愁は美しいが、社会保障制度が整えば、整うほど、助け合わなければ生きられなかった時代の家族の絆から遠くなる。

だから家族への郷愁は演歌の中だけで歌いつがれる。父母を想う歌を歌っていれば、それだけで親孝行をしたような気分になれるのは現代の錯覚である。錯覚の結果が、老老介護であり、介護保険である。親の財産の相続で骨肉の争いも頻発する。少しずつ親も実情を理解し、財産は子どもに残さず、自分の思ったように使うようになった。時間はかかったが、遂に「子孫に美田を残さず」が実現したのである。

「ひとり」を律することができれば、子も孫も元気で遠くにいればよい。ばってん荒川が「帰らんちゃよか」という歌を歌っている。彼女の歌を聞いた島津亜矢は涙が止まらなかったと言っていた。彼女も修業時代を思い出したに違いない。

「親のためにおまえの生き方かえんでよか、どうせおれたちゃ先に逝くとやけん、おまえの思うたとおりに生きたらよか」（作詞・作曲：関島秀樹）。親の「やせ我慢」ではあるが、このセリフこそが老いてひとりになった親の誇りである。

部屋中の灯りをつけて
この夕べ
降る憂鬱に耐え抜かむとす

あとがき――最後まで

最後まで意志を捨てず
最後まで己の目標を持ち
最後まで役割と責任を忘れず
最後まで貢献を志し
最後までがんばり
最後まで尽くす
口惜しく、途中で、肉体が崩れても
最後まで誇りを持ち
最後まで歯を食いしばって
老衰に耐え、愚痴を言わず、嘆きを見せず
願わくは最後まで己の始末をし
叶わずとなれば

せめて最後まで明るく感謝を忘れず
縁在りし方々にこの世のさよならを言わむ

彼の人のその一言で
昨日生き
読み返しては今日を生きるか

著者紹介

三浦清一郎（みうら・せいいちろう）

米国西ヴァージニア大学助教授、国立社会教育研修所、文部省を経て福岡教育大学教授、この間フルブライト交換教授としてシラキューズ大学、北カロライナ州立大学客員教授。平成３年福原学園常務理事、九州女子大学・九州共立大学副学長。その後、生涯学習・社会システム研究者として自治体・学校などの顧問を務めるかたわら月刊生涯学習通信「風の便り」編集長として教育・社会評論を展開している。最近の著書に、『明日の学童保育』、『「心の危機」の処方箋』、『国際結婚の社会学』、『教育小咄―笑って許して』、『詩歌自分史のすすめ』、『消滅自治体は都会の子が救う』、『隠居文化と戦え』、『戦う終活～短歌で啖呵～』、『子育て・孫育ての忘れ物』、『不登校を直す ひきこもりを救う』（いずれも日本地域社会研究所刊）がある。中国・四国・九州地区生涯教育実践研究交流会実行委員。

老《お》いてひとりを生《い》き抜《ぬ》く！

2017年11月8日　第1刷発行

著　者　三浦清一郎《みうらせいいちろう》
発行者　落合英秋
発行所　株式会社 日本地域社会研究所
〒167-0043　東京都杉並区上荻1-25-1
TEL（03）5397-1231（代表）
FAX（03）5397-1237
メールアドレス　tps@n-chiken.com
ホームページ　http://www.n-chiken.com
郵便振替口座　00150-1-41143
印刷所　中央精版印刷株式会社

ISBN978-4-89022-210-0